大久保家秘蔵写真

大久保利通とその一族

大久保利泰【監修】
森重和雄・倉持 基・松田好史【編】

国書刊行会

刊行にあたって

大久保利泰

この写真集が出版されるに至ったきっかけは偶然の出会いから始まった。

平成十六年九月、本書の編者の一人、森重和雄氏が利通の写真使用の許諾を得るために私の勤務先である霞会館を訪ねて来られた時である。打ち合わせが進むにつれて同氏が古写真に造詣が深いことが分かり、熱く語る話に引き込まれて、ついついお訊ねしたのが我が家に遺っている利通の写真の保存や、明治時代から昭和にかけてのアルバムの整理方法であった。話を聞いていくうちに、直ぐにでも整理を始めなければと考え、作業の検討をお願いすることにした。専門家が必要であろうと若手古写真研究者の倉持基氏を紹介して頂いたが、調査が進むにつれて様々な分野の方々が加わり、拍車が掛かった。

彼らが驚いたのは「周辺情報」の豊富さであった。これはアルバムを作成した祖父の利武（利通三男）の功績である。内務官僚であった利武は研究者としての才能も持ち合わせ、几帳面な性格でもあって、父親である利通の写真のみならず、利通の子供達を含めた写真類を四十冊余にも及ぶアルバムに収め、さらに各写真には撮影日時、場所、目的、人名などを書き残していた。写真は約二五〇〇点となり、その他に記念式典のプログラム、絵葉書、領収書など欧米留学時代などを加えた国内外の貴重な資料も多数あり、当時を知る上での資料としても大変に有益なものであることに気付かされた。

今回収録した写真の一部は『日本の肖像　旧皇族・華族秘蔵アルバム』全十二巻（毎日新聞社　一九八九〜一九九一年刊）の第十巻で「勲功・大久保家・牧野家」が取り上げられた時に掲載されてはいるが、八割以上は初公開である。

森重氏や倉持氏によると、これらの資料には、一時代の記録媒体としてまとまっているという点からも、また利武が記した情報からも、「写真」のみならず、分野を超えた研究の余地が限りなくあるという。そこで今回は先ず写真百五十点を厳選して写真集として刊行することになった。

幾度となく我が家に集い、資料を前にして時を忘れて彼らが語り合う姿を見ていると、一番喜んでいるのは私たち子孫ではなく、利通、利武、そして「写真達」ではないだろうかと思えてくる。写真集の刊行という思わぬ結果は、この「写真達の思い」が生み出したものとしか言いようがないのかもしれない。

刊行に当たり、調査・編集に係わった方々、国書刊行会の方々に深く感謝を表する次第である。

本書を手にとって下さる方々が少しでも「写真」に興味を持って下さり、本書におさめられた「写真」達が、少しでも多く国内外の歴史を語る語り部として役立ってくれれば幸いである。

平成二十五年八月吉日

［目次］

大久保利通とその一族の写真資料について

倉持　基

明治維新の中心人物であった大久保利通（一八三〇－七八）の曽孫、大久保利泰《としひろ》氏（大久保家現当主で利通から数えて五代目）が所蔵する歴史写真資料およそ三千点は東京大学大学院情報学環において二〇〇七年七月十三日より調査・整理・デジタル化が開始された。この日は奇しくも大久保利通の三男で大久保侯爵家の後を継いだ大久保利武《としたけ》（一八六五－一九四三）の命日であった。『大久保家秘蔵写真～大久保利通とその一族～』を刊行するにあたり、まずは大久保家に残された膨大な写真資料群との出会いから述べたいと思う。

二〇〇七年春のある日、私は古写真研究家の森重和雄氏（当時株式会社電通テック勤務）、高橋信一氏（当時慶應義塾大学理工学部准教授）とともに東京富士美術館が所蔵する写真師・上野彦馬《うえのひこま》（一八三八－一九〇四）が撮影した写真の見学に行った。まだ世間的には知られていなかった彦馬の初出写真を閲覧するのが目的だった。私は当時所属していた東京大学大学院情報学環馬場研究室でその前年に刊行された『上野彦馬歴史写真集成』（渡辺出版）に上野彦馬撮影写真に関する論考を寄稿しており、その関係もあっての見学であったが、閲覧後に森重氏から「これから社団法人霞会館常務理事（当時）の大久保利泰氏に面会するから一緒に来てみては？」と誘われ、どこでお会いするのかも知らずに興味本位で随《つ》いて行った。今から振り返ってみると、大久保家所蔵写真とのその後の長いお付き合いはそんなちょっとした好奇心がきっかけだった。

大久保氏にお会いしたのは霞が関ビルにある霞会館の応接室だったが、その後食堂に移動する際、私はその日まさか霞会館に行くとは思っていなかったので、本来、霞会館の食堂ではネクタイ着用が義務付けられているにも関わらず、そんなことも知らない私は極めてラフな服装でネクタイも締めておらず、霞会館の受付でポーラー・タイをお借りするような状況だった。大久保氏に名刺を差し上げて、その時たまたま一冊だけバッグの中に入れていた『上野彦馬歴史写真集成』を自己紹介代わりに献呈した。その時の大久保氏は「我が家にも古い写真が沢山あって、今後どのようにしたら良いか迷っている」とおっしゃっていたのをよく覚えている。後日、大久保氏より献本の御礼状が届き、その中には「霞会館にうちの写真を一部持って行くので、見てみて欲しい」旨が記されていた。

二度目の霞会館で拝見した写真資料は利通関係の写真が多かったと思うが、写真資料全体としてはどの位の分量なのかを伺うと、「それでは一度自宅に来てください」とのお申し出があり、それからひと月ほど後に一人でご自宅まで伺った。当初の大久保氏のお話では「写真は三百から四百点ほど」とのことだったのだが、行って見てみたらとんでもない、四百点を遥かに越えているだろうことは一目見て感じた（後に細かく数えたら三千点近いことが分かり驚愕した）。さらにそのひと月後には、私の所属する研究室で借用して調査・整理と全写真の高精細デジタル撮影を行うことが決まり、前述のように、その年の七月十三日に全点を自動車で本郷まで移送した。当初は一台の自動車で間に合うだろうと予想していたが、実際に載せてみるととても一台に積み切れるものではなく、大久保家の自家用車を洋子《ようこ》氏（利泰氏長女）に運転していただいて、二台の自動車で運搬した。その位の分量だった。

大久保利泰氏邸で保管されていた写真資料群は、撮影年代が明治初期から第二次世界大戦期、被写体は大久保家五世代の当主（利通→利和《としなか》→利武→利謙《としあき》→利泰）と関係者、関連地域、関連建物に及ぶ。撮影者が推定できる写真のうち、特に目立つ写真師は、清水東谷《しみずとうこく》（一八四一―一九〇七）、鈴木真一《すずきしんいち》（一八三五―一九一八）、江木松四郎《えぎまつしろう》（一八五五―一九〇〇）、成田常吉《なりたつねきち》（生没年不明）、丸木利陽《まるきりよう》（一八五四―一九二三）、小川一真《おがわかずまさ》（一八六〇―一九二九）、若林耕《わかばやしこう》（一八七三―？）らであり、大久保家は当代の錚々《そうそう》たる写真師たちと関係していたことが窺《うかが》える。但し、大久保利通の写真については大半が岩倉使節団の一員として訪れた欧米の写真館で撮影されたものであり、日本人写真師によって撮影された写真は恐らく二点のみと推定される。

特に大久保利通が被写体となって写された鶏卵紙写真について触れてみると、【写真1】は和紙製の封筒に入れられており、封筒の表書には「明治元年頃御写真」と鉛筆書で記載されている。髷《まげ》を結い口髭を生やしていない利通像は、世間的にもこの写真のみしか発見されておらず、その後一般に認知されるようになる最初期の利通像は全てこの写真を基に複写や絵画化されており、大久保家に残るこの写真も複写である可能性が高い。

岩倉使節団に副使として同行した利通は、明治四年十二月六日（一八七二年一月十五日）、サンフランシスコに到着する。その直後に岩倉具視《いわくらともみ》や木戸孝允《きどたかよし》らと共に有名な記念写真を撮影するが、二週間程滞在した同地ではその他にも数カットの撮影を行っており、【写真4】はその中の一枚である。使節団はその後ワシントンDCに移動し明治五年五月四日（一八七二年六月九日）まで滞在するが、同地滞在中に撮影された写真の中の一枚が【写真5】である。利通は使節団渡米の際に髭を伸ばし始めるが、サンフランシスコではうっすらとしか生えていなかった髭が、ワシントンでは口髭ともみあげが濃く長くなってきており、もみあげは頬髭と一体化している（但し、顎髭は生やしておらず、これは後年まで同様だった）。大久保家にはこれらの写真を含め、米国滞在中の利通の写真が計十点（同一写真の複写を含む）残されている。

岩倉使節団は明治五年七月十四日（一八七二年八月十七日）にロンドンに到着する。正味四ヶ月にわたるロンドン滞在中、利通は写真館にしばしば足を運び、自らの肖像を撮らせている。このロンドン滞在中に自分用の大礼服を注文し、フランスのパリに移動して滞在した明治五年十一月から明治六年二月の間に（この間、日本では陰暦明治五年十二月三日が陽暦明治六年一月一日に改暦されている）、パリの写真館でその大礼服を着用した肖像写真を撮影している（【写真12】）。この写真は、明治八年に印刷局のお雇い外国人として来日したイタリアの画家・版画家、エドアルド・キヨッソーネ（一八三三－九八）が描いた大久保利通肖像画（コンテ画）の原型となり、このイメージがその後の大久保利通像を規定したと言って良いだろう。この頃になると、髭の長さは口髭と頬髭が繋がるまでになっている。なお、大久保家には欧州滞在中の利通写真が計十三点（同一写真の複写を含む）残されている。

現在発見されている写真の中で利通が最後に写された写真は、明治十年（一八七七）八月二十一日から十一月三十日まで東京・上野公園で開催された第一回内国勧業博覧会の総裁を務めた利通が博覧会関係者とともに写された集合写真である。この集団の中央部に利通の顔が見える（【写真21】）。六つ切り程度の大判写真で、画質は極めて鮮鋭であるため、利通の部分を拡大して見ると、トレードマークとなった髭は欧州滞在中よりも更に長く伸び、大礼服の襟に掛かるまでになっていることが確認できる。博覧会中に終結した西南戦争を憂えていたからか、視線を下に落とし、表情は冴えないようにも見える。なお、大久保家にはこの写真が二点残されている（一点は複写）。

　大久保利通は文政十三年八月十日（一八三〇年九月二十六日）、薩摩国鹿児島城下高麗町（現・鹿児島県鹿児島市高麗町）に、琉球館付役の薩摩藩士・大久保利世《としよ》（一七九四－一八六三）と蘭学者として名高い薩摩藩医・皆吉鳳徳《みなよしほうとく》の次女・福《ふく》（一八〇三－六四）の長男として生まれた。大久保家は城下士の下級、御小姓組に属していた。幼名は正袈裟《しょうけさ》、後に正助《しょうすけ》・一蔵《いちぞう》と称し、甲東《こうとう》と号する。諱は初め利済《としずみ》、後年利通と改めた。

　安政四年十二月（一八五八年一月）、薩摩藩士・早崎七郎右衛門《はやさきしちろうえもん》の次女・満寿子《ますこ》（?－一八七八）と結婚。満寿子との間には長男・利和《としなか》（彦熊《ひこくま》、一八五九－一九四五）、次男・牧野伸顕《まきののぶあき》（伸熊《のぶくま》、一八六一－一九四九）、三男・利武（三熊《さんくま》）、五男・石原雄熊《いしはらゆうくま》（一八六九－一九四三）、長女・芳子《よしこ》（一八七六－一九六五）が生まれた。芳子は後の外務大臣・伊集院彦吉《いじゅういんひこきち》（一八六四－一九二四）に嫁いだ。利通には妻のほかにおゆう（杉浦勇《すぎうらゆう》、京都祇園のお茶屋「一力《いちりき》」九代目主人・杉浦治郎右衛門為充《すぎうらじろうえもんためみつ》の娘）という愛妾がおり、おゆうとの間に四男・利夫《としお》（達熊《たつくま》、一八六七－九四）、六男・駿熊《しゅんくま》（一八七〇－一九一二）、七男・七熊《しちくま》（一八七一－一九四三）、八男・利賢《としかた》（一八七八－一九五八）を儲けた。

　長男の利和は利通が凶刃に倒れた明治十一年（一八七八）五月、父の勲功により華族に列せられ、明治十七年（一八八四）七月には利通の功により侯爵を授けられた。三男の利武は鳥取県・大分県・埼玉県・大阪府各知事、農商務省商工局長等を歴任し、貴族院議員に勅選され、昭和三年（一九二八）六月、兄利和の隠居に伴い、子供のいなかった利和の家督を相続した。

利通の孫で利武の長男・利謙（一九〇〇－九五）は歴史学者で、日本近代史研究の開拓者として名古屋大学教授・立教大学教授を歴任、国立国会図書館憲政資料室の成立にも寄与し、一九三二年には『東京帝国大学五十年史』を独力で編纂した。その後も、『日本近代史学史』（一九四〇年）、『日本の大学』（一九四三年）、『森有礼』（一九四四年）、『明治憲法の出来るまで』（一九五六年）、『日本全史10 近代Ⅲ』（一九六四年）、『岩倉具視』（一九七三年）、『明六社考』（一九七六年）、『佐幕派論議』（一九八六年）などを執筆、これらの業績は『大久保利謙歴史著作集』全八巻（一九八六－九三年）にまとめられている。平成五年（一九九三）には、これらの研究業績と近代史資料の収集・保存に貢献したことに対して朝日賞が贈られた。晩年にも岩波新書から『日本近代史学事始め―一歴史家の回想―』（一九九六年）を刊行、極めて幅広い分野の著作を残した。

利通の曽孫の利泰（一九三四－　）は慶應義塾大学卒業後、横浜ゴム株式会社入社、定年退職後には社団法人霞会館理事・常務理事を長年務め、二〇一三年からは霞会館顧問に任じられている。

大久保家に関わる資料の中で特に幕末・明治期における利通に関するものは、国立歴史民俗博物館、鹿児島県歴史資料センター黎明館、国立国会図書館憲政資料室、国立公文書館内閣文庫に保存されている。これらの機関の資料については、日本史籍協会より『大久保利通日記』、マツノ社より『大久保利通文書』の形で公刊されている。

また、これらの文書系資料とともに、利通・利和・利武・利謙・利泰の各代にわたる家族に関係する写真資料が多数残されており、明治初頭から昭和の戦後に至るまでの主に大久保家の家族を撮影した歴史写真はおよそ三千点に及ぶ。

一方、現在の大久保家本家には、利通から数えて三代目となる利武が残した「大久保利武関係文書」の他、家系図、手製写真帖、大久保利通の愛用品（懐中時計、指輪型印鑑、櫛など）、ヴェルサイユ会議晩餐会の御品書や、利通夫人尚子《なおこ》の実家から移された旧西尾藩松平家に関係する資料、及び縁戚の廣《ひろ》幡《はた》侯爵家（旧公家）、山本男爵家（山本達雄《やまもとたつお》元大蔵大臣を祖とする）に関係する写真資料なども所蔵されている。


日本に西洋科学が伝わったのは、江戸時代後期から幕末に掛けて、長崎の出島を中心とした限られた地域のみであった。出島を入口として伝わった西洋の知識や学問を我が国に取り込むために活躍したのは、西洋医学を究《きわ》めようとする医者の卵たちであった。彼らはまずオランダ語などの言語を日本語に翻訳する仕事から始める必要があり、多くの蘭書と取り組んで、自らの道を切り開いていった。その過程で生まれたのがいわゆる「洋学」であり、それまでの漢学・和学に対して、西洋からもたらされた合理主義と科学の精神を、我が国の先人たちは「洋学」として体系化し、それを確実に身に付けるように努力した。

そうした科学の中の一つに写真術がある。我が国における写真術の伝播は、医学や薬学、化学、あるいはその他の科学常識だけでなく、政治・哲学から文化・芸術に至るまで、様々な分野での思想と知識の文明開化を育んだのである。「日本写真の開祖」と呼ばれる上野彦馬が長崎で写真館を開いた時期は我が国にとって大きな選択の時代であり、「東都随一の写真」と言われた内田《うちだ》九一《くいち》（一八四四－七五）が東京に写真館を設けた時期は大転換の真只中の時代であった。政治や制度、社会の大変革が起きた明治維新は西洋からの学問・文化を抜きには考えられないが、これまでは明治維新による効果や利益など、実用的な側面のみが語られるか、あるいは明治維新の極めて精神的な側面だけが問題にされてきた傾向がある。

しかしながら、日本を築いてきた人物やその一族の肖像写真や家族写真というものを手掛かりとして、幕末・明治期に何が変わり、それが大正・昭和期にどのように伝わり、平成の今日にどのような影響をもたらしているのかということについて考えてみたい。

西洋の文化史において、肖像の成立は、人間個々人の相互の尊重や、社会の成熟と市民社会の闊達さなどと深く関係していると言われている。また、我が国には西洋社会における肖像の成立とは異なる肖像画の古い伝統があり、そうした西洋と日本の肖像の相違点を頭におきつつ、幕末・明治期の日本の肖像写真を見ると、そこにはある特徴的なことが見えてくる。

幕末・明治期の日本の肖像写真や家族写真には、人物の顔や姿だけでなく、進取の精神とその誇り、そして伝統に対する畏敬、さらには社会を担う個人として、あるいは社会的リーダーとしての意欲と気骨を見て取れるものが多い。それは、換言すれば、文化史上の特異な存在である日本が、西洋の文物との巧みな調和によって生み出した近代日本の実像であり、初期の肖像写真・家族写真にはそれが表出しているということである。この写真集で紹介する大久保家所蔵写真の中の百五十点はその典型的な一例であると言えるだろう。

1 利通の時代

1 明治元年頃御写真（一）

明治元年頃の利通。和服の利通の写真はこの一点のみである。利通は前年（慶応三年）末に参与に任命され、新政府でのキャリアをスタートさせた。鉛筆で「利通　明治元年頃」と書かれた包紙が附属。写真の表書には「明治元年頃御写真」とある。

2 明治元年頃御写真（二）

【1】を基に描かれた鉛筆画を写真撮影したものと思われる。目等に修正が加えられている。裏面には鉛筆で「利通　明治元年頃　修正版」と書かれている。

3

明治四年十二月岩倉全権大使并副使米国桑港到着之後撮影

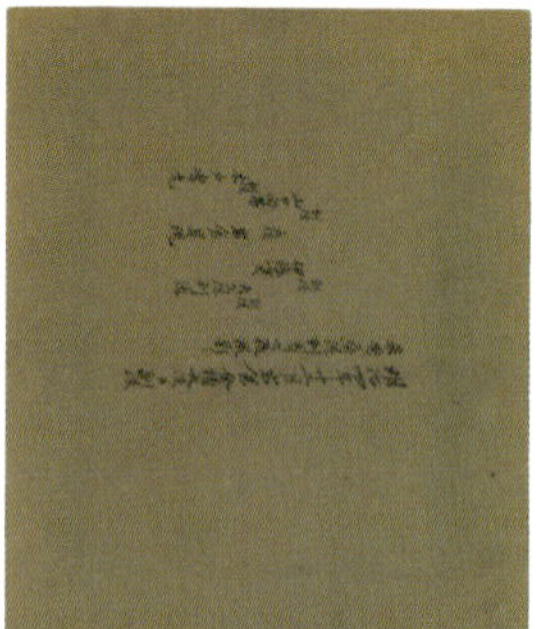

明治四年十二月、サンフランシスコ到着直後の岩倉使節団幹部。写真左から木戸孝允《きどたかよし》（一八三三－七七）、山口尚芳《やまぐちなおよし》（一八三九－九四）、岩倉具視《いわくらともみ》（一八二五－八三）、伊藤博文《いとうひろぶみ》（一八四一－一九〇九）、大久保利通（一八三〇－七八）。利通は髭を伸ばし始めている。台紙裏に「明治四年十二月岩倉全権大使并副使／米国桑港到着之後撮影／大使岩倉具視／副使伊藤博文／副使大久保利通／副使木戸孝允／副使山口尚芳」との墨書がある。

4 大久保利通（一）

明治四年十二月～五年一月にサンフランシスコの「Yosemite Art Gallery」で撮影されたもの。髭の伸び具合から見て【3】と同じ時の写真と推定される。

5 Financial Minester Toshimits Okubo

明治五年二月、ワシントンDCで撮影されたもの。「Financial Minester《ママ》」と書込みがあるように、当時の肩書は大蔵卿であった。台紙に書かれた名前のアルファベット表記が「Toshimits」と誤記されている。裏面の「大久保利通」の墨書は利通の自署と思われる。

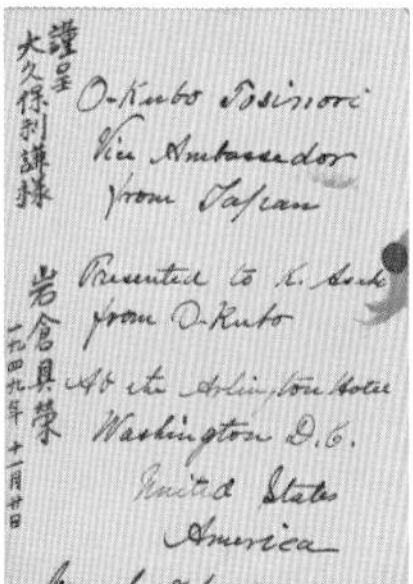

一八七二年三月十八日（明治五年二月十日）の裏書のある一枚。【5】と同じ写真館で同時に撮影されたものと推定される。利通から岩倉具視の次男具定《ともさだ》（一八五一－一九一〇、当時「旭小太郎《あさひこたろう》」の変名を使っていた）に贈られ、昭和二十四年に具定の孫具栄《ともひで》から利通の孫利謙《としあき》に贈られた。台紙裏に「O-kubo Tosinori［ママ］Vier Ambassedor From Japan. Presented to K. Asahi from O-Kubo. At the Arlington Hotel Washington D.C. United States America March 18th 1872」「謹呈 大久保利謙様／岩倉具栄／一九四九年十一月廿日」との筆書がある。

【6】の複写。台紙裏右上に赤鉛筆による「萩原」云々との書込みがあるが判読困難。

【4】と同じサンフランシスコの「Yosemite Art Gallery」で撮影されたもの。明治五年六月、条約改正交渉の委任状を取りに一旦帰国し、再度米国に到着した際の写真と推定される。大久保忠寛《ただひろ》（一翁《いちおう》）の家に伝わり、平成二十一年、忠寛の曽孫忠昭《ただあき》より利通の曽孫利泰《としひろ》に贈られた。台紙裏に利通の自署と思われる「大久保利通」の墨書がある。

9 故内務卿閣下御写真

【8】と同じカットの複写。明治七年八月五日、台湾出兵後の北京会談に出発するに当たって利通が宮島《みやじま》誠一《せいいち》郎《ろう》に贈り、大正六年十二月、パリ講和会議全権となった利通の次男牧野《まきの》伸顕《のぶあき》に宮島の子大八《だいはち》が写しを贈ったものである。大八筆の送り状が附属している。

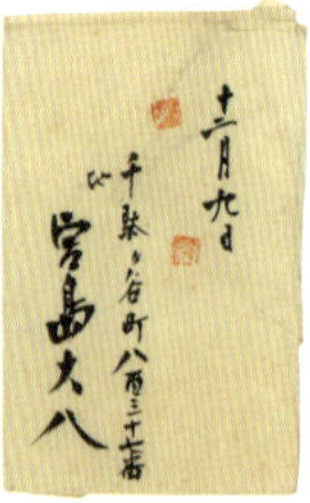

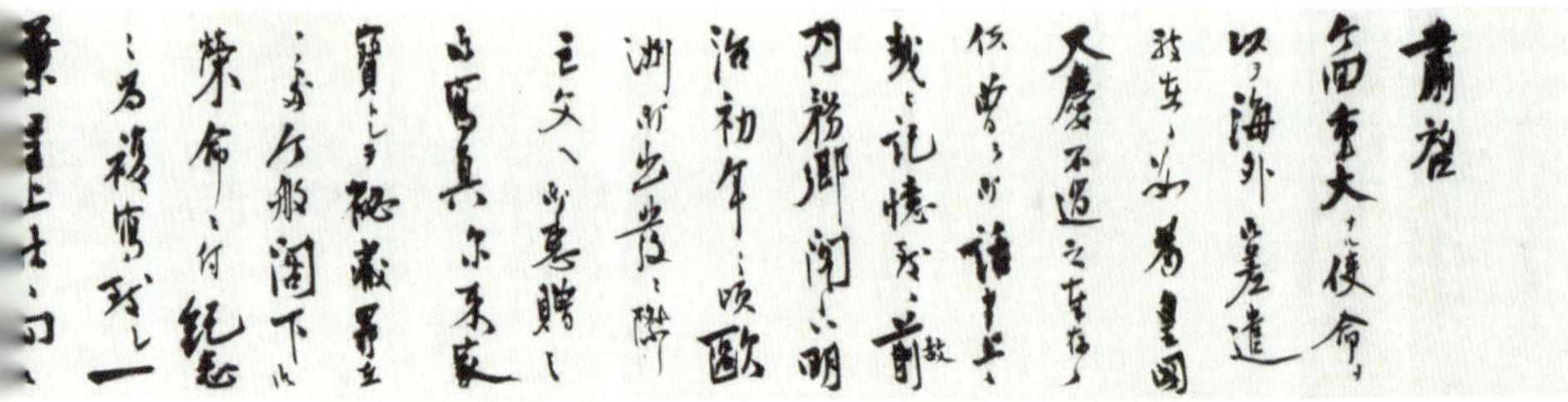

10

大久保利通（四）

【8】と同じカット。日本で複写されたものと推定される。

11 大久保利通（五）

明治五年（一八七二）、ロンドンのHenry Maull（一八二九－一九一四）の写真館で撮影されたもの。岩倉使節団は英国各地を視察した後、明治五年十月五日（一八七二年十一月五日）にヴィクトリア女王に拝謁した。

12 大久保利通（六）

明治五〜六年、パリのイタリア大通りにあった写真館「Numa Blanc」で撮影された文官大礼服着用の利通。使節団出発の時点では大礼服の制度はなく、ヴィクトリア女王に拝謁の際に必要であることから急遽制定され、ロンドンで仕立てられた。この写真が後年、エドアルド・キヨッソーネ画「大久保利通像」のモデルになった。台紙裏に「大久保利通」との直筆署名。

13 大久保利通（七）

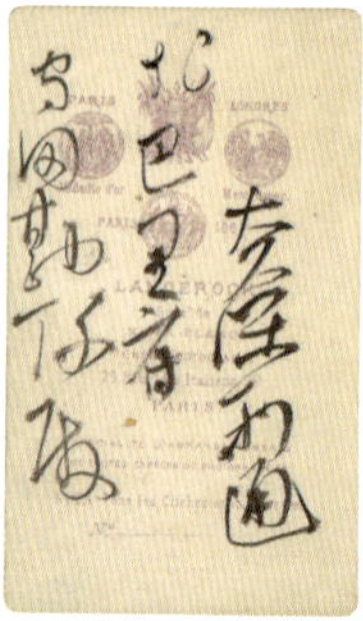

利通が歌舞伎役者十二代目守《もり》田《た》勘弥《かんや》に贈った一枚。パリの「Numa Blanc」では少なくとも四カットを撮影し、多くの焼増を作らせた模様。台紙裏に「大久保利通／於巴里府／守田勘弥殿」と直筆の署名がある。

14 大久保利通（八）

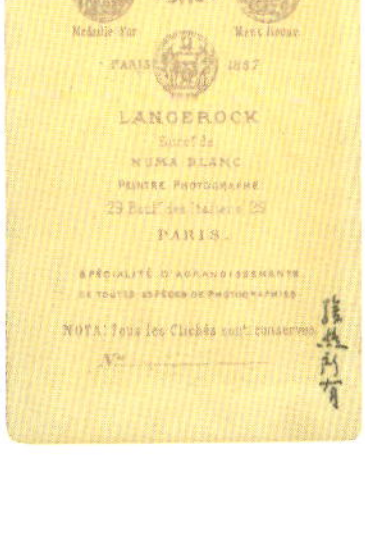

明治五〜六年、パリの「Numa Blanc」にて撮影。台紙裏に「駿熊所有」の墨書があり、元の持主は利通の六男駿熊《しゅんくま》であったことが判る。

15

大久保利通（九）

明治五〜六年、パリの「Numa Blanc」にて撮影。これは安積《あさか》開拓出張所長を務めた米沢藩士立岩一郎《たていわいちろう》の子孫が所持していたもので、近年一郎の曾孫寧《やすし》から大久保家へ贈られたものである。台紙裏に後世の記入と推測される「大久保利通」の鉛筆書。

16 明治六年四月仏国巴里ニ於ケル県人記念撮影

明治六年四月八日、利通がパリを発って帰国するに当たり、同地にいた薩摩藩出身者が開いた送別会の席に集まった人々。前列左より末川久敬、安藤尚五郎、前田正名《まえだまさな》、山口彦次郎《やまぐちひこじろう》。中列左より中井弘《なかいひろし》、岸良兼養、利通、新納竹之助《にいろたけのすけ》、高崎正風《たかさきまさかぜ》、川村《かわむら》純義《すみよし》。後列左より黒岡帯刀《くろおかたてわき》、河島醇《かわしまあつし》、村田新八《むらたしんぱち》、川路利良《かわじとしよし》、大《おお》山巌《やまいわお》、岩下長十郎《いわしたちょうじゅうろう》。「明治六年パリ サンジェルマン 鹿児島県人会」と鉛筆書のある包紙が附属。

17

明治六年巴里而利通撮影

明治六年、パリで撮影された名刺判肖像写真の複写。祭事等の際に飾られたものと推測される。

明治二年から十年まで横浜で写真業を営んでいたイタリア系イギリス人フェリーチェ・ベアト(一八三二―一九〇九)の写真館で撮影されたもの。『大久保利通日記』によると、明治八年四月二十六日に横浜へ行って写真を撮っているので、その際に撮影された可能性がある。

19

大久保満寿子（一）

利通の妻満寿子《ますこ》は薩摩藩士早崎《はやさき》七郎《しちろう》右衛門《えもん》の次女。この写真は、東京日本橋呉服町に店を構えていた明治初期の著名な写真師、清水東谷《しみずとうこく》（一八四一－一九〇七）が撮影したものであるが、利通の日記には日本橋の写真館に行ったが閉っていたので云々といった記事が見られ、贔屓にしていた可能性がある。

20

大久保満寿子（二）

【19】の顔の部分を引き延ばしたもの。この一点とは別に祭事用の大判写真も現存する。

21

明治十年内国勧業博覧会開会式記念写真

明治十年に上野で開催された第一回内国勧業博覧会開会式（八月二十一日）の記念写真。中央付近に大礼服を着用し勲一等の大綬を帯びた内務卿の利通、その左に大蔵大輔松方正義《まつかたまさよし》（一八三五－一九二四）、右に駅逓局長前島密《まえじまひそか》（一八三五－一九一九）の姿が見える。写真台紙は明治・大正期に名声を博した丸木《まるき》利陽《りよう》（一八五四－一九二三）の写真館のものだが、丸木の写真館開業は明治十三年のため、後年丸木の写真館で複写されたものである。台紙裏には利通の三男利武《としたけ》の筆で「明治十年内国勧業博覧会開会式記念写真／大久保侯爵」との題簽が貼られている。しかしながら、大久保利通関係文書の記述などを参考にすると、十一月二十日の記念メダル授与式の際に撮影されたものと思われる。

2 留学から官界へ

利和・伸顕・利武の時代Ⅰ

22 大久保利和・牧野伸顕兄弟

明治四年（一八七一）、岩倉使節団の渡米に随行して米国へ留学した利通の息子たち。長男利《とし》和《なか》（右、当時十四歳）と次男伸顕（左、十二歳）。二人は高橋《たかはし》新吉《しんきち》（薩摩藩出身の英学者）の世話でフィラデルフィアの中学校に入学したが、日本の学問も必要であるため明治七年に帰国、開成学校に入学した。写真は米国で撮影されたもの。原板は牧野家所蔵で、ブリキ板にポジ画像を焼き付けるティンタイプである。

23

大久保利和・尚夫妻

利和と妻尚《なお》。利和は明治十七年（一八八四）、利通の勲功により侯爵となり、のち貴族院議員を務めた。二人の間には子供がなく、大久保侯爵家は弟の利武が嗣ぐこととなる。

24

重野安繹

尚の父である重野《しげの》安繹《やすつぐ》（一八二七―一九一〇）は薩摩藩出身の歴史学者で、帝国大学教授等を務め、久米《くめ》邦武《くにたけ》とともに草創期の日本史学を主導した。写真は利和が所蔵していたもので、明治三十一年、七十二歳の時の撮影。撮影者は、この時、東京芝新シ橋《あたらしばし》角に写真館を開いていた丸木利陽。「重野先生 真影一枚／利和旧蔵」と表に墨書された小袋に入れられており、台紙裏には「明治三十一年三月廿七日／七十二才」との墨書がある。

東京の大蔵省印刷局で撮影された大久保利武の写真。大学予備門入学前の明治十五年、十七歳の時のもの。台紙裏に「十五年四月廿八日」の墨書（一部墨書の抹消あり）。

26

明治二十二年夏二本榎邸撮影（一）

大久保邸は利通時代に霞が関（元二本松藩邸等、現在の衆議院第二別館附近）にあったが、利通没後に元別邸であった芝二《に》本榎《ほんえのき》邸に移転した。写真は明治二十二年頃の建物の様子。

27 明治二十二年夏二本榎邸撮影（二）

【26】と同時期の庭園の様子。庭の社には利通が遭難時に乗車していた馬車等が納められていた。この二本榎邸は久留米藩下屋敷等の跡地で広さは約三万坪、現在の高輪台交差点の北側一帯（港区高輪三丁目）にあった。写真にはたとう紙が附属し、「明治二十二年夏二本榎邸撮影」との墨書がある。

明治十九年、帝国大学予備門時代の利武（前列左から二人目）と学友たち。後列には山之《やまの》内一次《うちかずじ》（最左、一八六六－一九三二）、後年利武の妹芳子《よしこ》の夫となる伊《い》集院彦吉《じゅういんひこきち》（左から三人目、一八六四－一九二四）がいる。「駒場農校」（駒場農学校）は大久保内務卿時代に殖産興業の一環として設置された。現在の東京大学農学部及び東京農工大学の前身である。

29

明治二十年米国紐育市ニテ蜂須賀侯高良二氏

明治二十年、第一高等中学校（帝国大学予備門を改組）を卒業した利武はエール大学に留学する。駐仏公使の任を終えて帰国途中の蜂須賀《はちすか》茂韶《もちあき》（右、一八四六―一九一八、旧徳島藩第十四代藩主）及び高良二《こうりょうじ》（一八四七―一九二一）との記念写真。

30

蜂須賀茂韶夫妻

若き日の蜂須賀茂韶と随子《よりこ》夫人。オックスフォード大学留学中に撮られたもの。写真が入れられていた封筒の表に「徳島藩主蜂須賀茂韶夫妻／欧州留学中撮影／二枚在中」とのペン書。写真台紙がさらに一回り大きい台紙に貼られている。

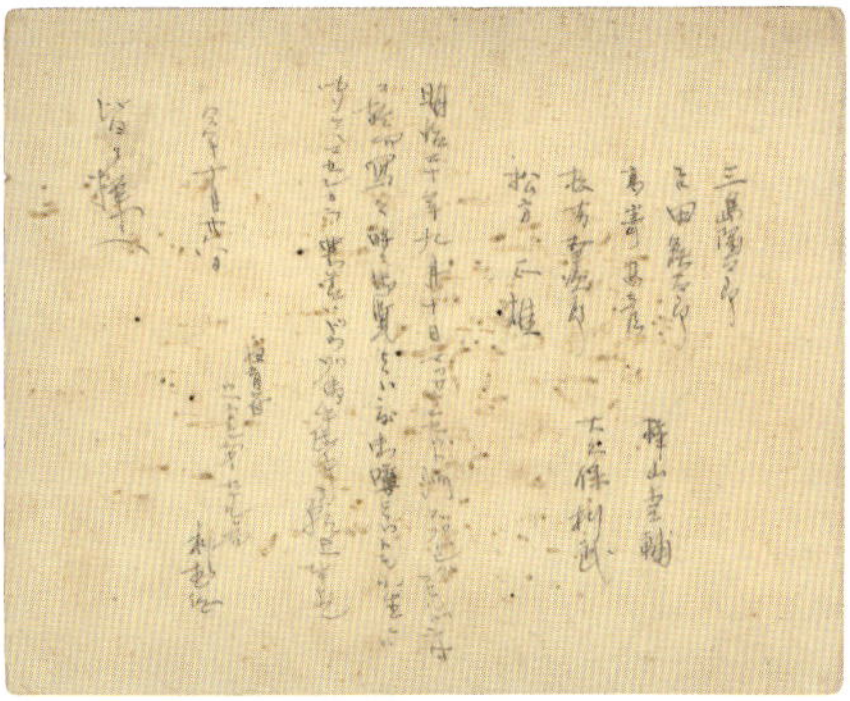

明治二十年九月、米国マサチューセッツ州スプリングフィールドにおける留学生たち。前列左利武、右樺山愛輔《かばやまあいすけ》（一八六五―一九五三）。後列左より松方正雄《まつかたまさお》（一八六八―一九四二）、松方幸次郎《こうじろう》（一八六六―一九四九）、高崎安彦《たかさきやすひこ》（一八六九―一九一一）、吉田鉄太郎《よしだてつたろう》、三島弥太郎《みしまやたろう》（一八六七―一九一九）。彼等の多くは薩摩藩出身高官の子弟であり、大正・昭和期の「薩派」を担う面々である。台紙裏に「三島弥太郎 吉田鉄太郎 高嵜安彦 松方幸次郎 松方正雄 樺山愛輔 大久保利武」及び「明治二十年九月十日マツサチユセツト州スプリングフヒルド府ニ於而写之時々御覧被下度御噂被下トモ小生ニハ聞ケヘマセンカラ其節ハドウゾ御手紙ヲ願上ます　仝年十月廿六日　紐育府ウヘストミンスターホテルニ而　利武拝　皆々様へ」とのペン書。

32 大久保利武（二）

明治二十二年六月、エール大学法学部卒業時の記念写真。撮影場所はニューヨークのブロードウェイ。利武自筆の履歴書には「卒業法学士（バチュローフロウ）ノ称号ヲ受ク」とある。台紙裏に「明治二十二年六月米国エール大学法科卒業記念」及び「6927」とのペン書。

33

昭和十一年六月三日　エール大学会晩餐会

昭和十一年六月三日、当時逓信大臣を務めていた頼母木《たのもぎ》桂吉《けいきち》（前列左から二人目、一八六七—一九四〇）が主催した、エール大学関係者の晩餐会記念。前列左から四人目に利武。反軍演説で有名な斎藤隆夫《さいとうたかお》（同五人目、一八七〇—一九四九）の姿も見える。斎藤の日記によると会場は政財界の名士が利用した高級料亭、丸の内常盤家《ときわや》。

34 大久保利武と学友

明治二十二年、エール大卒業前後に撮影された一枚。右が利武。台紙裏には「明治二十二年八月／マサチューセット州アーマストニテ」との墨書があるが、履歴では七月に欧州へ渡ったことになっており、正誤は不明。

35

米国エール大学在学中入手

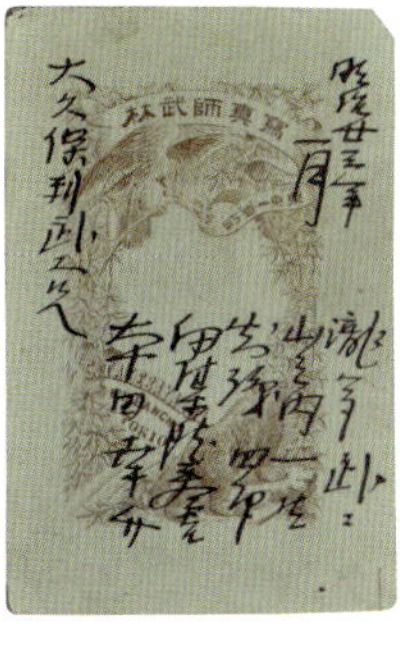

在京の友人たちから利武に贈られたもので、滝聞武二《たきぎくたけじ》、山之内一次、知識四郎《ちしきしろう》、伊集院彦吉、本田幸介《ほんだこうすけ》（一八六四―一九三〇）の署名がある。題箋は「エール大学在学中」となっているが、明治二十三年一月の寄書きであるから、実際に受取ったのはドイツ渡航後の筈である。撮影者は武林盛一《たけばやしせいいち》（一八四二―一九〇八）。台紙裏に「明治廿三年一月／滝聞武二 山之内一次 知識四郎 伊集院彦吉 本田幸介／大久保利武大兄」のペン書。台紙裏の書込部分を剥がし、印画紙と並べて写真帖に貼付されている。

36
大久保利武（三）

明治二十三年、ドイツへ渡った利武はザクセンのハレ大学に入学した。【37】はハレの写真館で撮られたもの。【36】も同時期のものと推定され、こちらはザクセンの首都ドレスデンでの撮影。二枚とも台紙裏には「明治二十三年独逸ハレ大学在学中」とのペン書があるが、【37】は訂正線で抹消されている。各々ハトロン紙製の挿入袋が附属。

Müller & Pilgram
LEIPZIG, DRESDEN,
HALLE a.S.

Vergrösserungen
bis zur Lebensgrösse in
SCHWARZ, PASTELL, AQUARELL
UND OEL.
PHOTOGRAPHISCHE
Kunst-Anstalt
Müller & Pilgram
ATELIER
Portrait Malerei
LEIPZIG
DRESDEN
HALLE a.S.
See-Str. 21 (Kaulhaus)
Post-Strasse 9-10.
Sämmtliche Geschäfte haben Telephon Anschluss

38 近衛篤麿

明治二十三年、ライプチヒ大学に留学中であった近衛《このえ》篤麿《あつまろ》公爵（近衛文麿元首相の実父、一八六三－一九〇四）から贈られた写真。近衛家は摂関家筆頭の家柄で、篤麿は後の貴族院議長。台紙の表裏にそれぞれ「A Konoe」「近衛篤麿」と和洋両方の署名がある。さらに、台紙裏には「贈大久保利武君／明治廿三年初夏於茉普置府」ともペン書されている。青年期の篤麿の肖像写真はほとんど現存していない。

明治二十四年の利武。彼はこの年ハイデルベルク大、更にはベルリン大学で学んでいる。台紙裏に「明治二十四年独逸ハレ大学在学中」とのペン書。

40
松方巖

明治二十四年八月十日、ハイデルベルクで松方巖《まつかたいわお》（一八六二―一九四二）から贈られたもの。松方正義の息子である彼は、利武とともにアメリカに留学した松方幸次郎・正雄の長兄である。台紙裏に「呈　大久保君　松方巖／千八百九十一年／八月十日　於ハイデルベルク」とのペン書。

41

井上勝之助

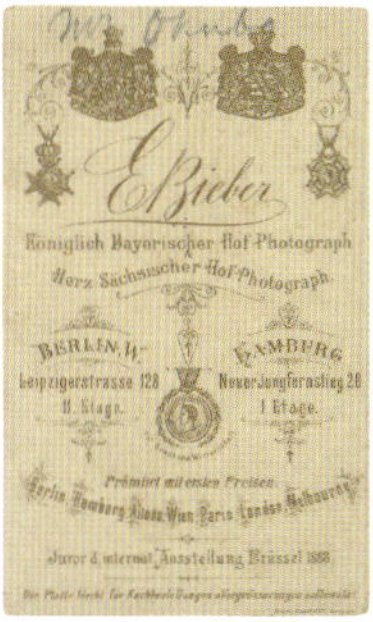

井上《いのうえ》馨《かおる》の養嗣子で、当時駐独代理公使を務めていた井上勝之助《かつのすけ》(一八六一―一九二九)の肖像写真。【42】と同時期、同じ写真館での一枚。台紙裏上部に「Mr. Okubo」の記述。

42
井上勝之助・末子夫妻

明治二十四年の井上勝之助と末《すえ》子《こ》夫人。こちらには写真表に「K. & S. Inouye, 1891」とサインがあり、利武がベルリンに移った頃に贈られた可能性が高い。

43 明治二十五年伯林会合記念

明治二十五年、ベルリンにおける在留日本人の会合に集まった人々。後列最左に利武、一人おいて利通の姪山田《やまだ》梅子《うめこ》と結婚する吉田鉄太郎。

44
依田昌兮

台紙裏に「大久保君ニ呈ス／明治廿五年四月／依田昌兮」とのペン書があるので、明治二十五年四月、ドイツ留学中の陸軍中尉依田《ゆだ》昌兮《しょうけい》（一八六一－一九二八）が、留学生仲間の利武に贈ったものと推定される。

45 山田彦八

山田《やまだ》彦八《ひこはち》（一八五五―一九四二）は旧薩摩藩出身の軍人で、利通の妹スマの長男。台紙裏には「二十五年十一月／在ツーロン／山田彦八」とのペン書があり、彦八が海軍大尉当時にフランスで撮影したものである。この写真を彦八から貰った利武は、後年、写真の印画紙を台紙から剝がし、台紙の彦八の署名がある部分の切り抜きと並べて写真帖に貼り付けた。

明治二十六年春、ベルリン大学在学中の利武。利武はこの翌年ハレ大学で博士号を取得して帰国する。台紙裏に「明治二十六年春 伯林大学在学中」のペン書。

47 大久保利武（七）

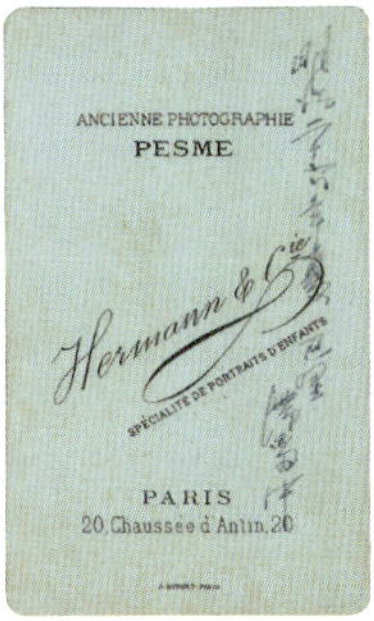

明治二十六年の夏、パリにて撮影された写真。夏休みに旅行した際に撮られたものであろう。欧米留学中最後の一枚である。台紙裏に「明治二十六年夏　巴里滞留中」とのペン書。

48 大久保利武（八）

明治三十年、内相秘書官時代と思われる一枚。帰国後の利武は当初台湾総督府に奉職し参事官、総督秘書官等を務めている。台紙裏に「明治三十年写」及び「第八九八三六号」のペン書。

49 海軍大将 伯爵 樺山資紀

樺山資紀《かばやますけのり》（一八三七―一九二二）。利武は台湾勤務に馴染めなかったらしく、樺山の秘書官となることで内務省に移ることに成功した。この写真は明治二十八年以降の撮影。写真表に「海軍大将 伯爵 樺山資紀」の墨書。

50

樺山資紀

晩年の樺山資紀。勲一等旭日桐花大綬章を佩用しているので大正六年以降に撮影されたことが判る。

51 樺山伯ト愛孫 大磯別荘

大磯の別荘における樺山資紀と孫たち。左が資紀の息子愛輔の長女泰子《やすこ》（後に近藤廉平の次男廉治《れんじ》と結婚）、膝の上にいるのがその弟の丑二《ちゅうじ》。孫たちの様子から明治三十年代末から四十年代初頭の撮影と思われる。二人は愛輔の次女で白洲《しらす》次郎《じろう》に嫁いだ正子《まさこ》の姉と兄。

52
牧野伸顕・峰子夫妻

明治二十六〜二十八年頃の正装の牧野伸顕・峰子《みねこ》（一八七〇―一九四四）夫妻。伸顕は利通の次男で牧野家の養子となり、三《み》島通庸《しまみちつね》の次女峰子を娶った。伸顕は当時文部次官。

牧野伸顕夫妻

伸顕と峰子。伊・墺両国の公使を歴任した明治三十年代に、海外の写真館で撮影されたものと思われる。

54 牧野峰子

和装の牧野峰子。ローマの写真館で撮影され、利武に贈られたものである。【45】と同様、写真の印画紙と台紙裏の署名のある部分が剥がされて写真帖に貼られている。台紙には「進上 利武様／羅馬 みね子」の墨書。

55

明治三十三年巴里記念撮影

明治三十三年から三十四年にかけて、利武は地方行政事務調査のため欧州各国に出張した。写真はその途中のパリで撮影されたもので、巡洋艦「磐手《いわて》」回航のため英国に出張していた山田彦八の姿も見える（左から四人目）。

56 大久保利武（九）

明治三十三年八月二十五日、兄伸顕が駐在しているウィーンを訪れた際に撮られた利武の写真二枚。台紙裏の模様から、【58】の伸顕の写真と同じ写真館で撮影されたものであることが判る。【56】の台紙裏には「明治三十三年八月於澳都」、【57】の台紙裏には「明治三十三年澳都維納ニ而」との墨書がある。ともにハトロン紙製の袋が附属。

57

大久保利武（十）

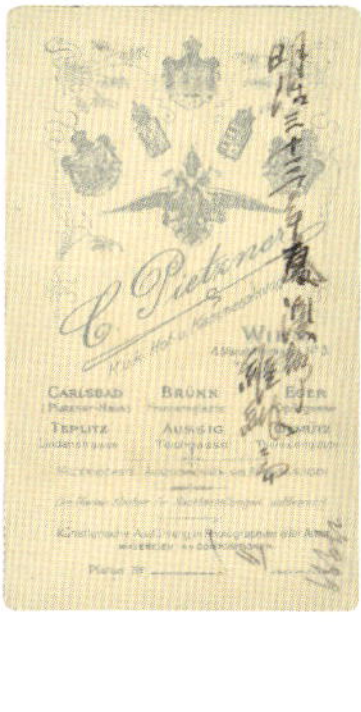

58

牧野伸顕

駐墺公使時代の伸顕。利武をウィーンに迎えて写真館に同行した際のものであろう。剥がした印画紙と台紙を写真帖に貼付。台紙裏に「明治三十三年八月二十五日／ビエナニテ」のペン書。

59

大久保利武と牧野伸顕一家

牧野伸顕・峰子夫妻及び嗣子伸通《のぶみち》と大久保利武。利武・伸顕の服装が【56】〜【58】と同じであり、これら四枚の写真はいずれも明治三十三年八月二十五日の撮影であることが判る。

60 大久保利武（十一）

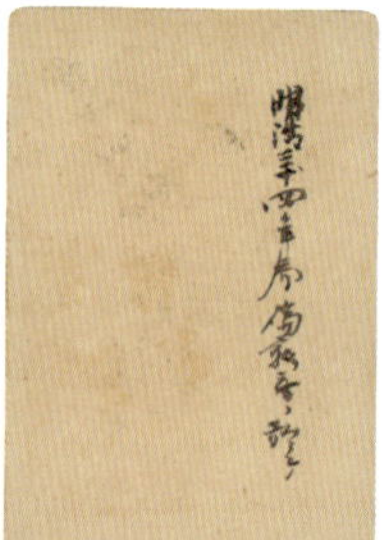

ロンドンにおける利武。【60】【61】の二枚は全くの同一カットであるが、【60】の台紙裏には「明治三十四年春倫敦府ニ於テ」の墨書、一方【61】には「明治三十三年九月英京」の墨書（及び「190248B」の鉛筆書）がある。【60】は利武の筆跡であるが【61】の筆跡は異なっており、どちらが正しいのかは不明。ともにロンドン・ベーカー街の「ELLIOTT & FRY」写真館で撮影されたもの。

61

大久保利武（十二）

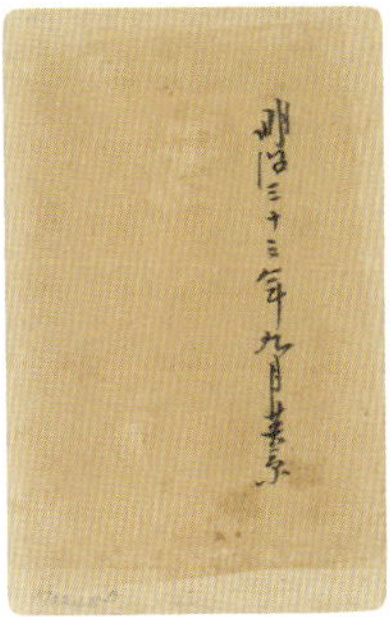

利武在英中の明治三十四年、ヴィクトリア女王が崩御した。写真は葬儀に参列した駐英公使林董《はやしただす》（一八五〇－一九一三）が利武に贈ったもの。台紙裏に「明治三十四年二月／英女皇ウヰクトリヤ大喪参列／林董」との朱書がある。

63
荒川巳次

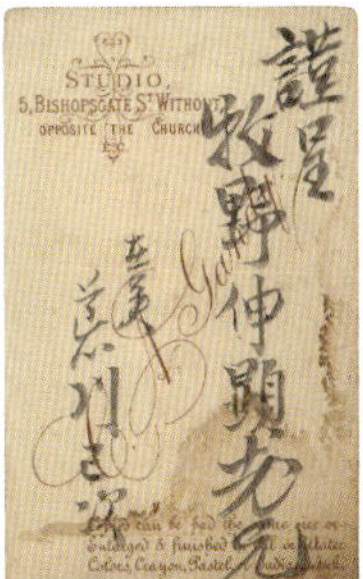

薩摩藩出身の外交官荒川巳次《あらかわみのじ》（一八五七―？）が伸顕に贈った写真。あるいは明治三十三年から三十四年にかけて訪欧した利武に荒川が托したものかとも思われる。台紙裏に「謹呈 牧野伸顕老兄／在英 荒川巳次」の墨書。

64

澳利亜維納於ケル松方公牧野公使

利武が帰朝した翌明治三十五年、元老松方正義は経済状況視察のため欧州各国を歴訪した。写真は松方がウィーンの牧野を訪れた際のもの。

3 壮年期の活動

利和・伸顕・利武の時代II

65 大久保利武（十三）

欧州視察から帰朝した利武は大分県知事に任命された。鳥取県知事に次ぎ二度目の県知事である。写真は同県知事時代の明治三十五年五月に東京新橋日吉町の小川《おがわ》一真《かずまさ》（一八六〇－一九二九）の写真館で撮影されたもの。小川は後年、写真師としては唯一の皇室技芸員に選ばれる人物である。台紙裏に「明治三十五年五月写」との墨書。ハトロン紙製の挿入袋が附属。

66 近藤廉平一家（一）

利武は日本郵船社長近藤廉平《こんどうれんぺい》（一八四八―一九二一）の長女栄《さかえ》を妻女とした。写真は近藤一家と利武夫妻。左より三女貴子《たかこ》、栄、利武、廉平夫人従子《じゅうこ》、廉平、次女八重子《やえこ》。

67 大久保利武（十四）

明治三十六年、大阪で開催された内国勧業博覧会に出張した際に撮られた大分県知事時代の利武。撮影場所は大阪京町堀通にあった写真館「大阪若林独立軒」で、主人の若林耕《わかばやしこう》（一八七三―？）は後に内国勧業博覧会で開催された写真展の審査員を務めている。台紙裏に「明治三十六年大阪内国勧業博覧会之際撮影」との墨書。

68 近藤廉平一家（二）

大久保利武・栄夫妻と、栄の実家近藤家の人々。薩派内で姻戚関係を結んだ兄たちと異なり、利武は徳島藩士の娘である栄を妻に迎えた。中列左より栄、近藤廉平、従子。後列左から三人目利武。利武の左隣は廉平の長男滋弥《しげや》（一八八二－一九五三）か。

69
大久保利武（十五）

明治三十六年、大分県知事時代の一枚。東京の丸木利陽の写真館で撮影されたもの。台紙裏に「明治三十六年四月」との墨書。

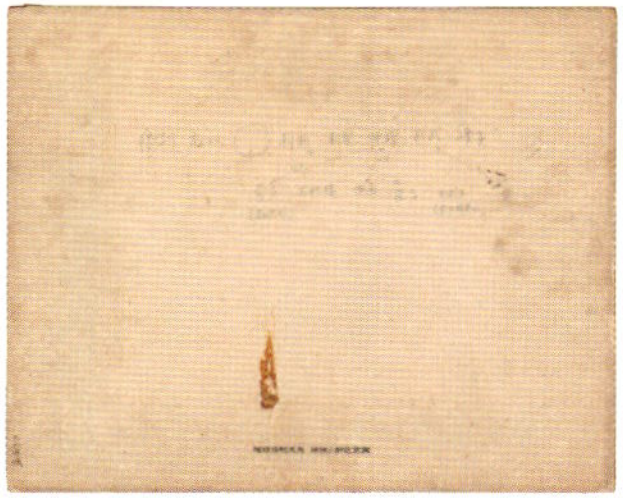

明治中期の大久保一家。丸木利陽撮影。前列左から栄、伸顕次女・利武子《りむこ》、尚、伸通、利通側室・ゆう、伸顕長女・雪子《ゆきこ》。後列左から峰子、利通三男・利武、利通次男・伸顕、利通八男・利賢《としかた》、利通長男・利和、利通六男・雄熊《ゆうくま》。利武・伸顕・利和は満寿子の、利賢と雄熊はゆうの子である。台紙裏に「後列右から（空欄） 利和 利賢 伸顕 利武 峰子。〔前列〕雪子（吉田茂夫人） おゆう様 伸通 尚子 利武子（秋月種英夫人） 栄」との鉛筆書。また、伸顕と伸通・雪子の間に矢印で「子供」とあり、利和と尚子、伸顕と峰子、利武と栄の間にも夫婦関係を示す両矢印がある。

70 大久保一家（一）

71

大久保利武（十六）

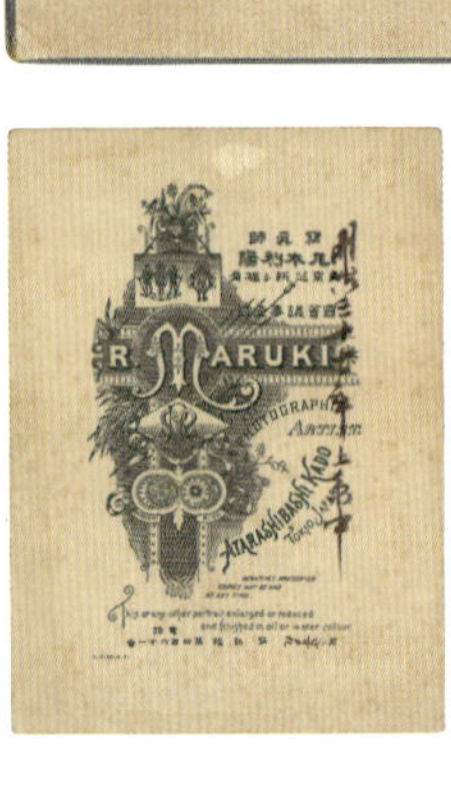

台紙裏に「明治三十七年上京中」の墨書（及び「第二六六〇九号」のペン書）がある利武の肖像写真。佩用しているのは日本赤十字社の有功章であるが、履歴ではこれを授与されたのは明治三十八年となっている。

大久保利武（十七）

豪奢な椅子に腰掛けてくつろぐ利武。鶏卵紙の経年劣化により画像が薄くなっている。写真台紙は黒一色で、裏面の線や染みは擦過痕と思われる。

73 利武商工局長披露宴

利武は明治三十八年に埼玉県知事となり、明治四十年には農商務省に転じて商工局長となった。これは商工局長就任の祝宴の記念写真。利武の左隣は薩摩藩出身の元農商務次官前田《まえだ》正名《まさな》（一八五〇－一九二一、利通の姪石原《いしはら》市《いち》子《こ》の夫）か。

74 大久保利賢・和喜子結婚記念

明治四十四年十二月五日、利通の八男利賢は高橋是清《たかはしこれきよ》（一八五四―一九三六）の長女和喜《わき》子《こ》と結婚した。前列左より栄、峰子、尚、媒酌人夫妻に挟まれた利賢と和喜子、ゆう、是清夫人志な。後列左から三人目より利和、是清、伸顕、利武、伊集院彦吉。

75 高橋是清

大礼服着用の高橋是清。昭和二年六月以降の撮影。利賢結婚の当時、舅是清は日本銀行総裁を務めていた。

76 安田一結婚記念

昭和七年四月、利賢の長女百合子《ゆりこ》が安田《やすだ》善次《ぜんじ》郎《ろう》（安田財閥の祖）の孫一《はじめ》（一九〇七―九一）に嫁いだ際の記念写真。一は後に安田銀行会長となるが、利賢も横浜正金銀行頭取を務めており、是清と合わせ三代に渉る銀行家の縁組となった。前列中央に一と百合子、その右一人おいて利賢、和香子《わかこ》（百合子の妹）、和喜子。中列左から四人目より志な、是清、伸顕、峰子、利武、栄。

77 大久保一家(二)

明治末年頃と思われる大久保家の一族。前列左から二人目が利通の娘芳子、五人目尚、七人目ゆら、九人目栄。後列左より利武、伸顕、利和、伊集院彦吉。

78

二本榎邸 園池会

二本榎邸における園遊会の記念写真。後方に見える家屋は明治中期の焼失後、再建されたものである。後ろから二列目に尚、栄等、最後列中央からやや右寄りに利和。

79 大久保利武（十八）

大正三～四年、大阪府知事時代の利武。左胸に勲二等瑞宝章の正章、右胸にイタリアの一等王冠勲章の副章を佩用しているが、これは【80】のように逆の位置に付けるのが正式である。王冠勲章を授与された大正三年以降撮影されたもの。撮影者は丸木利陽。台紙裏に「87040甲」のペン書。

80 大久保利武（十九）

文官大礼服を着用した大阪府知事時代の利武。【80】では勲二等瑞宝章と勲三等旭日章、次ページの【81】では勲二等瑞宝章章を佩用しており、大正四年に旭日重光章を受ける以前のものであることが判る。二枚はほぼ同時期に大阪道脩町の佐貫写真館で撮影されているが、たとう紙のデザインは異なっている。撮影者の佐《さ》貫《ぬき》明《あきら》は後に大阪写真会副会頭を務めた。

81
大久保利武（二十）

82
大久保利武（二十一）

大正五年、大阪府知事時代末期の利武。利武は大正六年末に知事を退官して二十一年間の官吏生活を終え、貴族院勅選議員に任命された。「大阪若林独立軒」での撮影。台紙表紙に「大正五年大阪ニ於テ」の墨書。

83 大正六年十二月二十四日　堂島官邸

大正六年十二月二十四日、堂島の大阪府知事官舎にて撮影されたもの。退任一週間後、任地を離れる際の記念撮影である。前列左に利武、前列右手は小《お》河《がわ》繁《しげ》次郎《じろう》（一八六四－一九二五）と推定される。後列右は柴田《しばた》善三《ぜんざぶ》郎《ろう》内務部長（一八七一－一九四三）。印画紙左下隅に「大正六年十二月二十四日堂島官邸」とのペン書。

84 伏見宮巣鴨家庭学校

大正十一年、留岡幸助《とめおかこうすけ》（一八六四―一九三四）の設立した巣鴨家庭学校を訪れた伏見宮博恭《ふしみのみやひろやす》王（一八七五―一九四六）一行。利武は社会事業に力を入れており、その関係で留岡と親交があった。左から三人目留岡、五人目博恭王、七人目利武。

講和調印夕記念会

利武は第一次世界大戦終結に向けて開催されたパリ講和会議に派遣された全権大使の一人である兄伸顕を補佐するため、外務省嘱託の資格でパリ講和会議に出席した。写真は大正八年六月二十八日、講和条約（いわゆるヴェルサイユ条約）調印日における記念撮影。前列左から伊集院彦吉、秋月左都夫《あきづきさつお》（一八五八―一九四五）、近藤廉平、珍田《ちんだ》捨巳《すてみ》（一八五七―一九二九）、伸顕、松井慶四郎《まついけいしろう》（一八六八―一九四六）。後列左から二人目より黒川新次郎《くろかわしんじろう》、利武、吉田茂《よしだしげる》（一八七八―一九六七）、寺島成信《てらしましげのぶ》（一八六九―一九三九）。

大正八年二月、利武の岳父近藤廉平は、海運界を代表する立場でパリ講和会議に出席した。「巴里媾和会議記念」と題した写真帖に貼られているこの写真は、往路にアメリカで撮影されたものである。

87 黒川新次郎

黒川新次郎は日本郵船副社長等を務めた実業家で、パリ講和会議に際しては近藤廉平、利武等と同行している。この写真は講和会議の五年後に利武に贈られ、利武がパリ講和会議関係のアルバムに貼り込んだもの。剝がした印画紙と台紙が並んで写真帖に貼られている。台紙裏に「思出で多き巴里のlifeを追憶しつゝ新次郎／大久保老台 梧下／大正十三年七月六日 於東京」とのペン書がある。

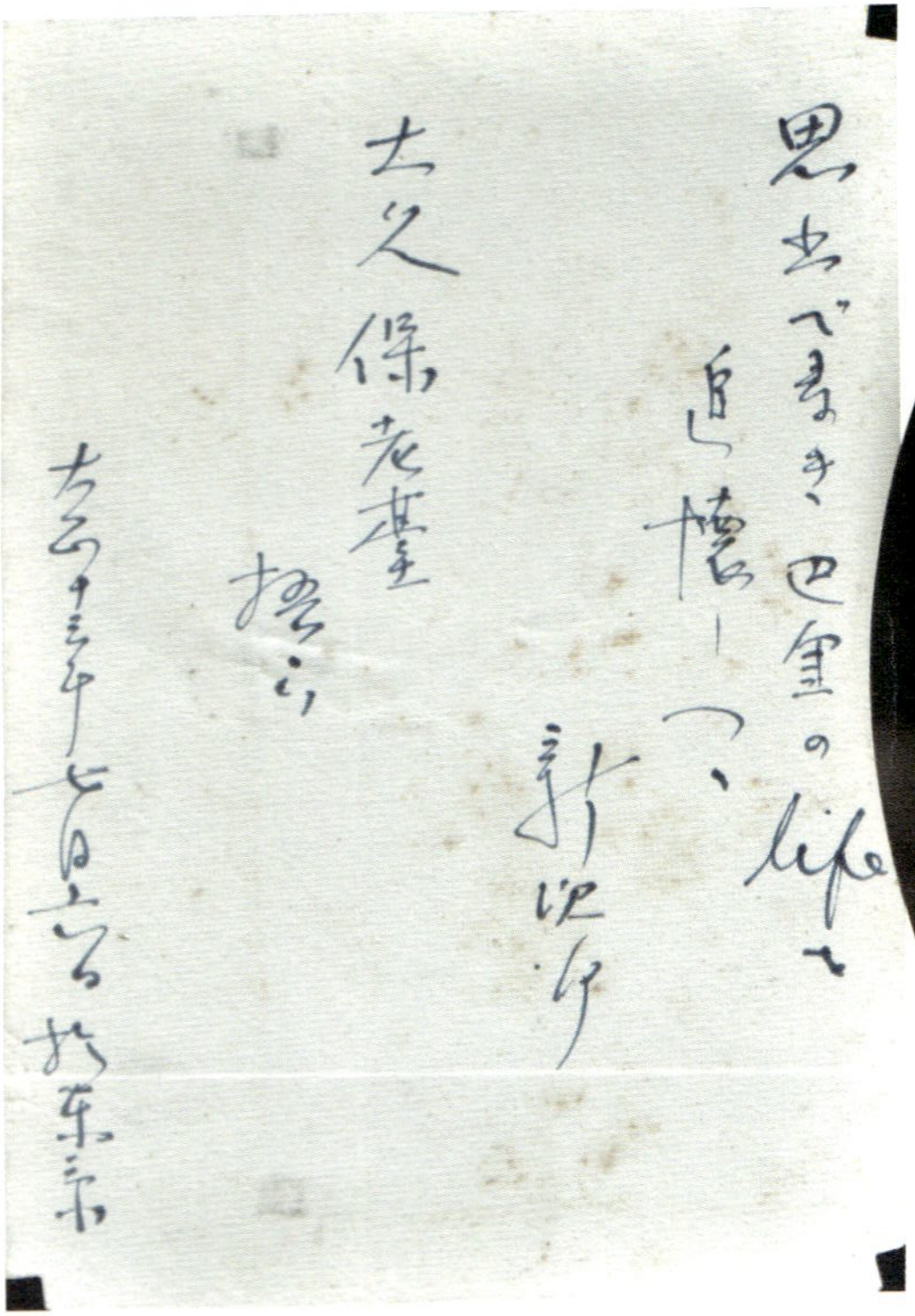

88

英国キャピテンゼームス邸記念

「ゼームス」邸を訪問した利武、近藤廉平、黒川新次郎等。「ゼームス」は英国人J・M・ジェームス（一八三九―一九〇八）と推測される。パリ講和会議の写真帖に貼られているので、大正八年の利武等の渡英時に、日本の海運界と関わりの深かったジェームスの遺族を訪問して撮影されたものであろう。

89 倫敦正金支店長邸記念

大正八年、横浜正金銀行ロンドン支店長を務めていた弟利賢邸を伸顕・利武兄弟が訪問した際の記念写真。前列左側の少年は利賢の長男利春《としはる》、右は利賢の次男利秀《としひで》。中列最左から伸顕の女婿吉田茂、利賢の長女百合子、伸顕、和喜子、利賢の三男利康《としやす》、利武。後列中央が利賢である。

90 英国皇太子鹿児島磯邸行啓

大正十一年五月、前年の東宮訪欧の答礼として来日した英国皇太子エドワード王子（後のエドワード八世）は、帰路鹿児島に立寄り、島津家別邸（磯邸）を訪問した。前列左より六人目が皇后宮女官長を務めた島津治子《しまづはるこ》、そこから右へエドワード王子、徳川為子《とくがわためこ》、島津康久《しまづやすひさ》、東郷平八郎《とうごうへいはちろう》、財部彪《たからべたけし》。

91 英国皇太子島津家磯邸行啓

【90】と同じ時に撮影された一枚。左より、島津治子、エドワード王子、徳川為子、島津康久。康久と為子は島津宗家第三十代当主忠重《ただしげ》の弟と妹。

92 久邇宮御一家磯邸

俔子妃《ちかこ》（一八七九—一九五六）の実家である島津家の磯別邸を訪れた久邇宮《くにのみや》一家。前列左より邦彦王《くによし》（一八七三—一九二九）、俔子妃、良子《ながこ》女王（一九〇三—二〇〇〇、後の香淳皇后）、信子《のぶこ》女王（一九〇四—四五）。中列の柱の蔭に利武の姿が見える。大正十三年以前の撮影。

93 久邇宮御一家

【92】と同じ時に撮影された写真と思われるが、邦彦王が背広から軍装に着替えている。

4 老境から次世代へ

利和・伸顕・利武の時代III

94

大久保利武(二十二)

大正末~昭和初期の利武。昭和三年、利武は子供のいない兄利和の隠居に伴い家督を相続して大久保侯爵家を継承、同時に貴族院侯爵議員となった。撮影者は丸木利陽。

95

大久保利武（二十三）

昭和三年、日本赤十字社より社会事業国際大会に委員として派遣された利武。開催地パリにおいて撮影。

総会式後記念写真

金沢における赤十字支部総会の記念写真。最前列中央に総裁閑院宮《かんいんのみや》載仁《ことひと》親王（一八六五－一九四五）、その左が徳川家達《とくがわいえさと》（一八六三－一九四〇、徳川宗家第十六代当主）。同列左から四人目は大久保栄か。

郵便はがき

料金受取人払

板橋北局承認

349

差出有効期間
平成27年1月
10日まで
（切手不要）

1748790

板橋北郵便局
私書箱第32号

国書刊行会 行

フリガナ ご氏名		年齢	歳
		性別	男・女
フリガナ ご住所	〒　　　　TEL.		
e-mail アドレス			
ご職業		ご購読の新聞・雑誌等	

❖小社からの刊行案内送付を　□希望する　□希望しない

愛読者カード

❖お買い上げの書籍タイトル：

❖お求めの動機

1. 新聞・雑誌等の広告を見て（掲載紙誌名：　　　　　　　　　　）
2. 書評を読んで（掲載紙誌名：　　　　　　　　　　）
3. 書店で実物を見て（書店名：　　　　　　　　　　）
4. 人にすすめられて　5. ダイレクトメールを読んで　6. ホームページを見て
7. ブログや Twitter などを見て
8. その他（　　　　　　　　　　）

❖興味のある分野に○を付けて下さい（いくつでも可）

1. 文芸　2. ミステリ・ホラー　3. オカルト・占い　4. 芸術・映画
5. 歴史　6. 宗教　7. 語学　8. その他（　　　　　　　　　　）

＊通信欄＊

本書についてのご感想（内容・造本等）、小社刊行物についてのご希望、編集部へのご意見、その他。

＊購入申込欄＊

書名、冊数を明記の上、このはがきでお申し込み下さい。代金引換便にてお送りいたします。（送料無料）

書名：　　　　　　　　　　冊数：　　　冊

❖最新の刊行案内等は、小社ホームページをご覧ください。ポイントがたまる「オンライン・ブックショップ」もご利用いただけます。http://www.kokusho.co.jp

＊ご記入いただいた個人情報は、ご注文いただいた書籍の配送、お支払い確認等のご連絡および小社の刊行案内等をお送りするために利用し、その目的以外での利用はいたしません。

閑院宮総裁朝鮮記念

閑院宮載仁親王が朝鮮博覧会開会式（昭和四年十月一日）に出席した際の記念写真。京城の総督府正面玄関前で撮影。前列左から十一人目より利武、斎藤実《さいとうまこと》総督（一八五八－一九三六）、載仁親王、児玉秀雄《こだまひでお》政務総監（一八七六－一九四七）。

海相・朝鮮総督・首相等を歴任した斎藤実は、岩手県出身ながら仁礼《にれ》景範《かげのり》の女婿として薩摩閥とは密接な関係にあり、伸顕・利武兄弟とも親しかった。東京麻布にあった写真館「新宮館《にいみやかん》」で大正十三年以降に撮影。

99

米国ヴァンダービルド一行紅葉館

アメリカの財界人で大富豪のヴァンダービルト家一行が来日した際の記念写真。芝の会員制料亭紅葉館での撮影。前列中程に近藤廉平、中列中程渋沢栄一《しぶさわえいいち》（一八四〇－一九三一）、後列左手に栄、中程に利武の姿が見える。

100 各国大公使徳川公爵邸

千駄ヶ谷の徳川公爵邸における各国大公使の招宴の記念写真。前列左から四人目にフォーブス米大使、最右にリンドリー英大使の姿が見えるので、昭和六、七年頃に撮影されたものである。

101 島津久大結婚当日記念

昭和八年十一月十五日、島津忠重（一八八六―一九六八、島津宗家当主）の長女経子《つねこ》と島津《しまづ》忠《ただ》承《つぐ》（一九〇三―九〇、玉里島津家第三代当主）の弟久大《ひさひろ》の婚儀の際の一枚。左から島津忠承、泰子《やすこ》（忠承夫人）、利武、久大、経子、栄、忠重、伊楚子《いそこ》（忠重夫人）。

102 鹿児島造士会　水交社ニ於テ

薩摩藩出身者が軍人養成のために設立した財団法人造士会の役員招待会の記念写真。昭和九年十一月二十六日、芝の水交社での撮影。前列左から二人目より樺山愛輔（貴族院議員）、山本英輔《やまもとえいすけ》（海軍大将）、町田経宇《まちだけいう》（陸軍大将）、牧野伸顕（内大臣）、島津忠重、財部彪（海軍大将）、野間口兼雄《のまぐちかねお》（海軍大将）、木場貞長《こばさだたけ》（元文部次官）。中列左から牛島満《うしじまみつる》（陸軍大佐、後に大将）、一人おいて宇宿行輔（陸軍中将）、一人おいて田中盛秀《たなかもりひで》（海軍中将）、大久保利武（貴族院議員）、吉田鉄太郎（福徳銀行頭取）、二人おいて園田実《そのだみのる》（海軍少将）。当時伸顕が副総裁、利武は常務理事であった。床次竹二郎《とこなみたけじろう》（内相）・樺山資英《かばやますけひで》（元内閣書記官長）等を欠くものの、同時期における薩摩系人脈の広がりを窺いうる一葉である。

103 島津奨学資金三十年紀念

昭和九年十二月十一日、島津家の寄附により設立された財団法人島津奨学資金の三十周年記念会の記念写真。前列左から四人目より利武、財部彪、島津忠重、木場貞長、床次竹二郎、一人おいて吉田鉄太郎。

104

目黒西郷侯邸祭典後　山本東郷両伯

昭和二年九月二十三日、目黒の西郷侯爵邸の庭で歓談する東郷平八郎（左）と山本権兵衛（中央）。「祭典」は島津家の例祭で、袖が崎の島津公爵邸で行われるのが恒例であったが、事情によりこの年は西郷従徳《さいごうじゅうとく》（西郷従道の嗣子）邸で開催された。

昭和九年、鹿児島の神山写真館で撮影されたもの。台紙裏に「昭和九年鹿児島に於て撮影」との墨書。

御親閲鹿児島伊敷学校生徒

昭和十年十一月、陸軍大演習時の鹿児島行幸に際し、学校生徒を親閲する昭和天皇。壇の向かって左に整列した文武官が見える。

107 南洲翁銅像鋳造所成り発送前一日

昭和十二年五月一日、彫刻家・安藤照《あんどうてる》（一八八二—一九四五）の工房で完成し発送を待つ西郷《さいごう》隆盛《たかもり》の銅像と利武らの記念写真。左から二人目より樺山資英、利武、町田経宇。八人目に安藤照、最右は三州《さんしゅう》倶楽部《くらぶ》理事鈴木（佐々）重威。三州倶楽部は鹿児島県（薩摩・大隅）と宮崎県南部（日向）からなる薩摩藩出身者による県人会である。

108

南洲翁銅像城山下建設　昭和十二年五月

昭和十二年五月、城山下の台座に安置された西郷隆盛像。写真表に「西郷隆盛像」の印字があるため、記念に配られたものかと思われる。

109
大久保利武（二十五）

侯爵襲爵後の利武と栄【110】。昭和に入る頃から、麻布・六本木にあった新宮館が大久保家の御用写真館になった。この二枚も同写真館での撮影。

110
大久保栄

111 大久保利武（二十六）

有爵者大礼服の利武。全面に桐の刺繍のある文官大礼服と違い、袖の刺繍と肩章が特徴である。写真裏に「大久保」の鉛筆書、及びゴム印で「B720」との押印がある。撮影は麻布の新宮館。

112
昭和十年紀元節撮影（一）

昭和十年の紀元節（二月十一日）に撮影された、当時内大臣の伸顕と貴族院議員の利武。伸顕はこの年の暮に辞職して政治の第一線から退いており、公職にあって迎える最後の紀元節となった。撮影は前掲写真と同じ麻布の新宮館。

114

昭和十年紀元節撮影（二）

【112】と同日に撮影された、伸顕の長男伸通の子供たちを交えた一枚。左から美知子《みちこ》、淑子《よしこ》、伸《のぶ》和《かず》、貞子《ていこ》。撮影は麻布の新宮館。

115

御殿山喜寿祝宴記念

昭和十年七月七日、品川御殿山の利和邸で開かれた、彼の喜寿の祝宴の記念写真。前列左より利賢、利武、利和、伸顕、芳子。中列左より峰子、栄。後列左から三人目と四人目は従兄弟の山田三次郎と石原助熊《いしはらすけくま》。

116

牧野伯喜寿晩餐記念

昭和十二年十一月一日、向山の利賢邸にて開かれた伸顕の喜寿の宴での記念写真。前列左から、芳子、峰子、利和、伸顕、一人おいて利武、二人おいて栄。後列中央から大久保利謙《としあき》（利武長男）、牧野伸通、利賢、石原助熊。伸顕は「世のなかの福も禄寿も去り乍ら人の情ぞたふとかりける」と喜びの歌を詠んだ。

117 貴族院研究会員記念撮影

昭和十一年に落成した国会議事堂前庭における記念写真。研究会は伯爵・子爵議員を主体とする会派であるが、利武は侯爵議員としては珍しく同会に所属していた。

118
貴族院議員宴会記念

利武による題箋には「貴族院議員宴会」とあるが詳細は不明。第二列中央に近衛《このえ》文麿《ふみまろ》（一八九一－一九四五）と徳川家達が並んでいるので、近衛が副議長となった昭和六年以降の撮影であろう。最前列の右側に利武の姿が見える。

119 昭和十二年四月十九日 ヘレン・ケラー女史大歓迎会

昭和十二年四月九日、初来日したヘレン・ケラー（一八八〇－一九六八）の歓迎会の席上、挨拶を述べる林銑十郎首相。壇上左手に利武と徳川家達、中央にヘレン・ケラー、右手にジョセフ・グルー（一八八〇－一九六五）駐日米国大使の姿が見える。ヘレン・ケラーの左隣は秘書兼通訳のポリー・トンプソン（一八八五－一九六〇）。アン・サリヴァンは前年十月二十日に死去しており、ヘレンには生前「日本に行っておあげなさい」と遺言していたという。

昭和十二年四月　米国女聖ヘレン・ケラー女史来朝記念（一）

ヘレン・ケラー（左）とポリー・トンプソン。来日時の撮影。

121

昭和十二年四月　米国女聖ヘレン・ケラー女史来朝記念（二）

箏曲家・宮城《みやぎ》道雄《みちお》（一八九四－一九五六）の演奏による歓迎を受けるヘレン・ケラー。右はポリー・トンプソン。

122

ヘレン・ケラー　サイン入りパネル

To Marquis Okubo
Whose noble chivalry is a staff to the
weak, a beacon on the coast of dark-
ness Cordially,
June, 1938 Helen Keller

昭和十三年六月、利武に贈られたヘレン・ケラーの署名入り写真パネル。写真下の文言は、「高貴な騎士道精神を持つ者は弱者の支えであり、暗い海岸を照らす篝火である」といったものである。台紙表にヘレン・ケラー直筆の「To Marquis Okubo/Whose noble chivalry is a staff to the weak, a beacon on the coast of darkness/Cordially,/June, 1938/Hellen Keller」とのペン書。台紙裏に欣光堂の封緘紙貼付。

123 木戸文相啓明会晩餐挨拶

昭和十二年十一月八日、華族会館における啓明会二十年記念晩餐会で祝辞を述べる木戸《きど》幸一《こういち》文相（一八八九－一九七七、木戸孝允の孫）。啓明会は伸顕・利武等が役員を務めた学術系の財団。木戸は日記に、「六時、華族会館に於ける啓明会二十年紀念晩餐会に出席、祝辞を述ぶ」と書いている。また、十一月四日の項にも「大久保侯来庁、啓明会二十年記念晩餐会の件につき話を受」けた、とあり、利武の依頼で挨拶をしたことが判る。

124
東大長与総長スプランガー教授歓迎午餐

利武は昭和六年から日独文化協会会長、十三年からは日独協会会長を務めており、利通の顕彰や日本赤十字社・済生会を中心とする社会事業と並んで、利武の晩年の活動の中では大きな位置を占めていた。この写真は、昭和十一年から十二年にかけて来日したベルリン大学のエドゥアルト・シュプランガー教授（一八八二－一九六三、教育学者）を招いて長与《ながよ》又郎《またろう》東京帝国大学総長（一八七八－一九四一）が開催した午餐会で撮影された一枚。写真左より九人目が利武、利武の右五人おいてシュプランガー、その右一人おいて長与。

125 秩父宮殿下独逸展覧会

昭和十三年、上野美術協会で開催された「大ドイツ国展」を参観する秩父宮雍仁親王《ちちぶのみややすひと》（左から二人目、一九〇二―五三）と利武。秩父宮は同年九月一日の開会式に出席しているので、この日撮影されたものであろう。

126 奥沢ニ於ける一家清遊の集い

奥沢にあった利武の次男利正《としまさ》宅の庭で。前列に利武夫妻と嫡孫利泰（大久保家第五代当主）、最右は社会経済史学者の羽原又吉《はばらゆうきち》（一八八二－一九六九）。後列は左より利武の三男通忠《みちただ》、澄子《すみこ》（通忠夫人）、治子《はるこ》（利正夫人）、利正、長男利謙。

127
昭和十四年七月　庭前の色々

昭和十四年七月、自邸の庭にて撮影。利武・栄夫妻と利謙、それに利謙の長男利泰と長女成子《しげこ》。

昭和七年に完成した『東京帝国大学五十年史』は利謙にとって最初の大きな仕事であり、近代史研究への契機となった。写真は編纂完了を記念したもので、前列左から五人目に小野塚喜平次《おのづかきへいじ》東京帝国大学総長（一八七一－一九四四）、後列最左に服部宇之吉《はっとりうのきち》（一八六七－一九三九）、同列右から二人目に利謙の姿が見える。

129

昭和十三年六月二十五日 通忠結婚式記念撮影

昭和十三年六月二十五日、利武の三男通忠と山口《やまぐち》金太郎《きんたろう》の三女澄子の婚儀での記念写真。前列左より栄、利武、仲人に挟まれて通忠、澄子、山口夫妻。後列左から三人目より叔父利賢、長兄利謙、一人おいて次兄利正。中列右側三人が利正夫人治子、利謙夫人八重子《やえこ》、利賢夫人和喜子である。

130
大久保利武（二十七）

晩年の利武。熱海の保養先で撮影された写真と思われる。

131 大久保利武（二十八）

最晩年の利武。社会事業、日独交流、歴史編纂・顕彰等が晩年の主たる活動であった。

132

昭和十七年五月十四日祭典後の記念園遊会

昭和十七年五月十四日、利通墓前祭後の園遊会の記念写真。利武と兄弟たちの写真としては、年代が判っている限りにおいて最後のものである。最前列に座っている子供たちは、左から木村《きむら》和子《かずこ》（芳子の実娘清子《きよこ》の長女）、通忠の長男利見《としてる》、成子、利恭。最右は不明。

133

二本榎邸の応接間で寛ぐ利武

昭和十一年末に撮影され、家庭学校の信木某が翌年正月、大久保家に年賀に訪れた際に持参した写真である。

5 維新の記憶と大久保家の周辺

134 大久保甲東先生五十年祭記念遺墨展覧会

昭和二年五月、利通の五十年忌の記念行事として、国民新聞社の後援により青山会館で遺墨展が開催された。会場で陳列品を背にした記念写真。左から四人目より栄、利武、伸顕。

135

遺墨展覧会高松宮台覧

昭和二年五月、利通の遺墨展を参観する高松宮《たかまつのみや》宣仁《のぶひと》親王（右）。

前記遺墨展開催に尽力した徳富《とくとみ》蘇峰《そほう》（一八六三―一九五七）。彼は前年に西郷隆盛、翌年には木戸孝允の遺墨展も開催している。庭で植木鉢を眺めていることの写真は昭和十一年頃のもので、写真左側に「蘇叟時年七十又四」との墨書がある。

137

昭和三年五月十四日　五十年祭々典写真　其一

大久保家では例年利通の命日に墓前祭を行っていた。この写真は昭和三年五月十四日、五十年忌の記念写真。青山霊園大久保利通神道碑前にて撮影。第一列左から八人目に栄、その右に尚。第二列中程に利和、その右一人おいて伸顕。利和の左後方に軍服の山田彦八、伸顕の左後方に利謙、右後方に利武、利武の右一人おいて利賢。写真台紙表紙に「昭和三年五月十四日／五十年祭々典写真　其一」の墨書。

138 大久保利通墓前祭

【137】と同じ場所での写真であるが、撮影時期はより古いものである。背景の神道碑は勅命により建立されたもので、明治四十三年に完成した。第二列左から九人目に尚、十三人目栄。第三列左から四人目石原助熊。第四列左から三人目利和、六人目伸顕、七人目利武。

139 安積疏水大久保神社祭典

安積疏水《あさかそすい》が流れる福島県郡山市には、疏水の開鑿に尽力した利通を祀る大久保神社がある。これは、昭和七年十月二日、利武・栄夫妻が出席した同神社の祭典の記念写真で、郡山の古川写真館の撮影。追遠碑を背景に、前列左から三人目は建築家・中条精一郎《ちゅうじょうせいいちろう》（一八六八—一九三六、後の作家・宮本百合子の父）の長男国男《くにお》の妻咲枝《さきえ》、国男、一人おいて栄、利武、中条精一郎。

140 大阪浜寺記念詩碑除幕

大阪浜寺公園にある惜松碑の除幕式の記念写真。この公園は名所の松の伐採を惜んで利通が歌を詠んだことを契機に整備された。
前列左から五人目桑、その右利武。

贈右大臣大久保利通公碑除幕式

昭和十六年、東京高等農林学校（現在の東京農工大学）における大久保利通記念碑の除幕式。この碑の下には利通が所持した短刀が収められている。式には高齢の利武に代わり利謙が参列した。前列左から六人目利謙、一人おいて栄。

142 岩公五十年墓前祭

利武は岩倉公旧蹟保存会会長として、岩倉具視の顕彰事業にも参画していた。これは昭和七年五月二十日に挙行された岩倉公五十年祭の墓前祭の様子を写した一枚。

昭和八年四月七日、岩倉公五十年祭の事業の一環として東京歌舞伎座にて催された舞台「岩倉具視」の楽屋にて撮影された写真。前列左から、大久保利通役の二代目實川延若《じつかわえんじゃく》（一八七一－一九五一）、利武、岩倉具視役の二代目市川左團《いちかわさだん》次《じ》（一八八〇－一九四〇）、岩倉具栄、西郷従徳（一八七八－一九四六）、西郷隆盛役の七代目松本幸四郎《まつもとこうしろう》（一八七〇－一九四九）。

144

昭和十二年　御使帰還後岩倉公始メ来賓記念写真

昭和十二年六月十九日、皇太后の御使が旧岩倉邸を訪れた際の記念写真。左から七人目に利武、その右一人おいて岩倉具視の曾孫具栄。

フルベッキ写真

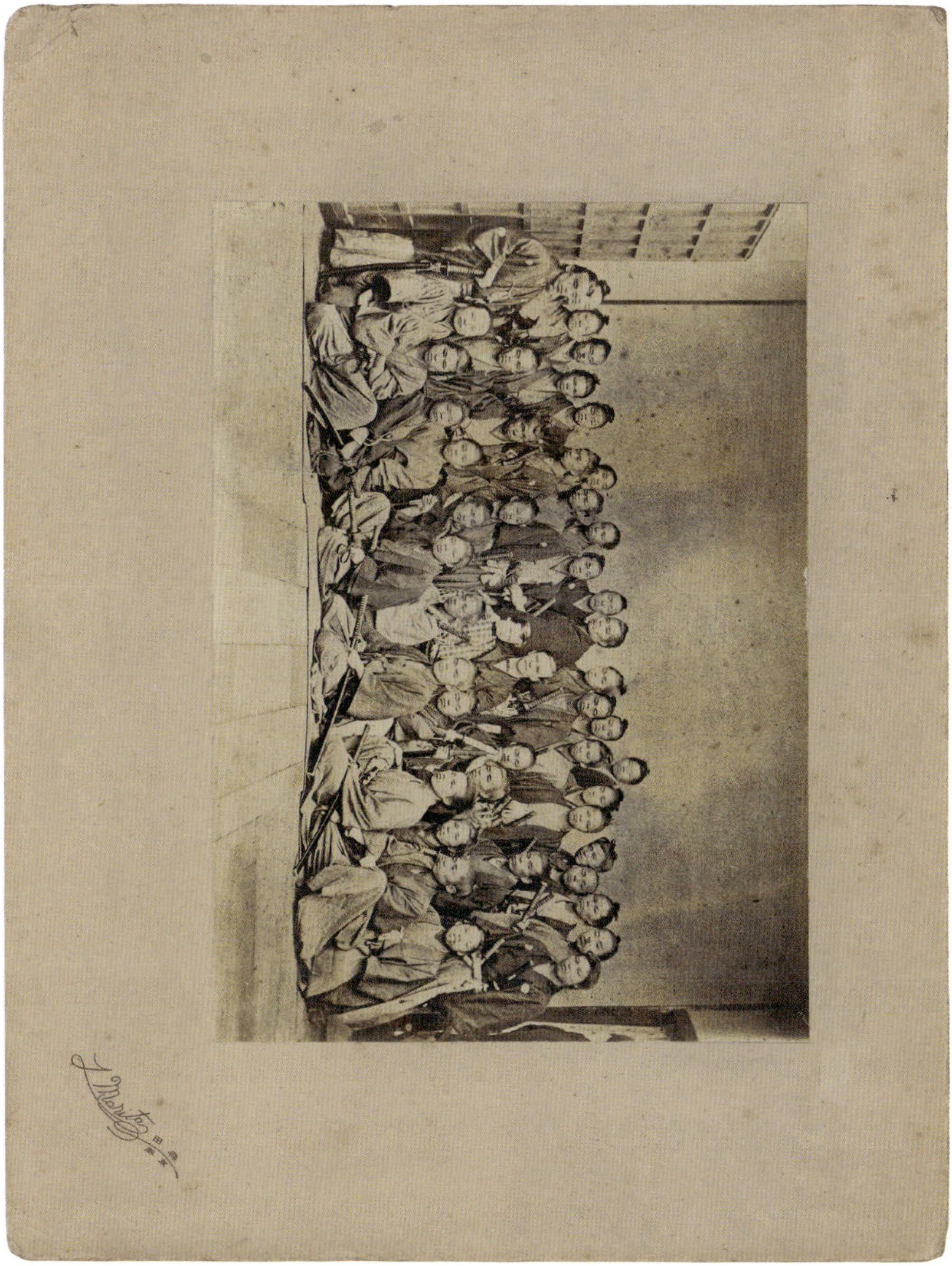

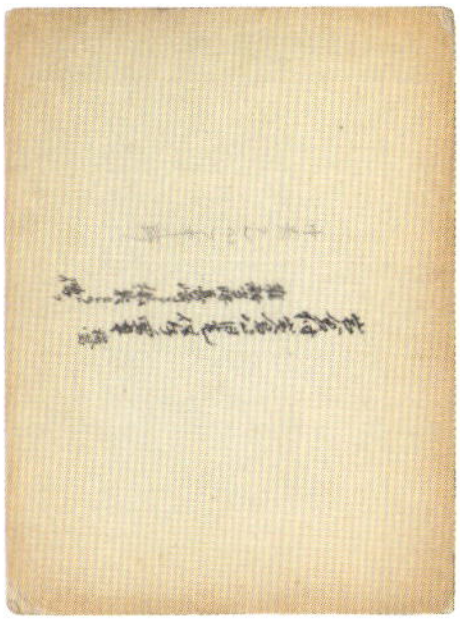

岩倉具定・具経《ともつね》兄弟を迎えた致遠館関係者の、いわゆる「フルベッキ写真」。これは利武が入手した複写で、原写真は岩倉家所蔵、明治元年頃の撮影。台紙裏に利武による「岩倉村岩倉公旧宅ニ保存ノ写真 複写／維新当時長崎ニテ撮影セシモノト伝フ」との墨書、及び利謙による「中央フルベッキ師」との鉛筆書がある。別製封筒が附属。

146
前田正名（一）

利通の姪石原市子の夫前田正名。前田は一時期大久保家に寄留していており、そこで両親を失った利和・伸顕・利武等兄弟の世話をしていた市子を見そめたという。明治十二〜十三年、大蔵省印刷局での撮影。台紙裏に「前田正名」とのペン書。

147
前田正名（二）

前田は薩摩系農商務官僚の中心的存在であり、明治中期における殖産興業政策を牽引した。この写真の正名は文官大礼服（勅任官）を着用、勲五等旭日章を佩用している。

伊集院彦吉夫妻

文官大礼服（奏任官）を着用し、勲五等又は六等旭日章を佩用した伊集院彦吉と、袿袴着用の妻芳子。利通の唯一の娘芳子は、薩摩藩出身の外交官伊集院彦吉に嫁いだ。写真は参内のための服装。

149 伊集院彦吉一家

伊集院彦吉・芳子夫妻は五男三女に恵まれた。この写真には子供七人が写っており、三女藤子《ふじこ》が生まれる前の明治四十二〜四十四年頃のものと思われる。

晩年の伊集院彦吉。彼はパリ講和会議全権や外務大臣を務め、外相退任の翌年（大正十三年）に死去した。写真右下に「H. Ijuin」と署名が入る。

曽祖父利通が遺してくれた写真

大久保利泰

十八世紀後半から十九世紀の前半にかけてヨーロッパで発明された「写真」技術が我が国に輸入されたのは一八四〇年代、オランダ船が運び込んだ写真機が長崎に渡来した時と言われている。それ以降、交流のあった外国人に使い方を尋ねるなど試行錯誤の研究・実験を重ね、安政四年（一八五七）に日本人が日本人を撮影した現存する日本最古の写真が生まれた。当時薩摩藩藩主であった島津《しまづ》斉彬《なりあきら》が、藩士の市来《いちき》四郎《しろう》らに命じて自らを撮らせた銀板写真である。

数年経たぬうちに写真を職業とする写真師が誕生、上野《うえの》彦馬《ひこま》が文久二年（一八六二）長崎に開設した上野撮影局を皮切りに横浜、箱館、大坂、東京と次々に写真館が開業され、記録の手段である「写真」というものが少しずつ身近な存在へと向かっていった。

利通が実際に写真機を見たのか、写真を実際に手にとって見る機会があったのかは分からないが、利通が写っている写真で最も古いものは、明治初年頃に撮影されたものである（【写真1】）。断髪前で羽織袴の立て膝姿、右手に筆、左手に短冊をそれぞれ持ち、向かって左奥には太刀台があり、刀が立てられている。この刀について、薩摩藩家老調所笑左衛門《ずしょしょうざえもん》の子孫で薩摩刀剣に詳しい調所一郎氏に尋ねると、「柄の長さから見ても、明らかに示現流《じげん》のものであり、少年時代に剣術、示現流を習っていたことが裏付けられる」ということであった。脛が長く見えることから、背が高かったことも想像できる。また、なぜ筆と短冊を手にしてあのような姿勢を取ったのか不思議な写真である。

写真を撮られると魂を盗られるという風聞がたっていたことを耳にするが、利通にとっては、魂を抜き取られる恐怖よりも好奇心が優っていたように思う。また聞くところによると当時の撮影料は決して安価ではなく、相当に高額であったらしい。にもかかわらずこうして肖像写真を撮影するということからは、日本の近代化を推し進め、実現する時機が到来したという利通の情熱を予感させる。

このようにこのたった一枚の写真から様々な情報が得られ、当時を想像するきっかけを作り出していることが分かっていただけよう。

慶応二年（一八六六）十二月、孝明《こうめい》天皇崩御ののち、翌年には大政奉還、王政復古、同四年（明治元年）には戊辰戦争が続く中、江戸城無血開城を経て、明治天皇は東京に移られ、首都機能が京都から東京に移転、そして版籍奉還と廃藩置県が行われて名実ともに幕藩体制は終わりを告げたのである。

そして、近代国家の基礎を築くために、幕末期に結ばれた欧米諸国との不平等条約を改正し、各国と平等な関係を築くことの申し入れとともに欧米先進国の政治、経済、社会の状況を視察する目的で岩倉使節団が結成された。

利通は使節団の副使に任命され、明治四年（一八七一）十一月、サンフランシスコに向けて横浜港を出航、これを機に海外における「記録」としての「写真」を撮り始めるのである。

【写真3】は明治四年の冬、サンフランシスコに到着した時のもので、使節団の代表が揃って撮影された有名な記念写真である。四人の副使が洋装であるのに対し、中心に座る正使岩倉具視《いわくらともみ》特命全権大使は羽織袴で何故か靴を履き、しかもチョンマゲ姿である。もっとも暫くして断髪したと言われるが、外国の習慣に馴染む姿勢を持ちながらも、鋭いまなざしに日本人としての気骨が垣間見られる。

同じ頃、利通は個人で写真を撮っている（【写真4】）。双方ともよくよく見るとうっすらと髭が見え、どうやら横浜を出航してから生やし始めたらしい。アメリカ大陸到着から約一ヶ月後にワシントンでグラント大統領に謁見、その頃には髭もだいぶ伸びて整ってきたようである（【写真5】）。

使節団を迎えた米国では東洋からの珍しい客人ということで各地で歓迎され、使節団はその歓迎ぶりに少々浮き足だち、自分たちの外交能力を過信したのか、諸外国との政治的な交渉は想像していたよりも案外速やかに進むのではないかという期待感が膨らみ、一気に条約改正交渉に踏み込もうと意気込んだ。しかし、外交交渉における最も基本的な準備を怠っていた。不平等条約改正交渉の為には天皇の委任状が必要であることが判明し、利通が伊藤博文《いとうひろぶみ》と共に急遽一時帰国して留守政府と掛け合った末、全権委任状を持ってサンフランシスコに戻ったのは、何と四ヶ月後であった。その時の写真が二枚（【写真6〜10】）あるが、髭は随分と立派になった。

二ヶ国目の訪問国はイギリス、約四ヶ月の滞在を終えて撮影されたものが【写真11】である。撮影されることに慣れてきたのか、何となく落ち着いた雰囲気を感じさせる。

産業革命後のイギリス滞在期間中は精力的に国内を視察した。近代化が進む速さに驚愕し、それに比べて産業・工業化が立ち遅れている自国との差を嫌というほど知らされ、「自分のような年を取った者がいくら頑張ったとしてもこれから先のことはとても無理である。世界の時勢に追い付くことは出来ないので身を引くばかり」と漏らしたそうだが、次世代の人材を育てる必要性を痛切に感じたのだろう。

花の都パリに到着した使節団は、島国イギリスとは異なった大陸の文明を知ることになる。滞在は三ヶ月にも及び、パリで撮った写真が一番多く、五枚（【写真12〜17】）である。髭の形も落ち着き、手入れも堂に入ってきたか。この後、ベルギーとドイツを訪れているのだが、この時の写真は遺っていない。

遠く海の向こうの日本では征韓論問題で国内政治情勢が混乱、収拾が付かない事態に陥り、明治六年（一八七三）、木戸《きど》孝允《たかよし》と利通に出された帰国命令をドイツで受けた。急遽マルセイユ経由で日本に向かうのだが、途中パリに立ち寄り、サンジェルマンで薩摩からの留学生と共にひとときを過ごした。その時撮られたのが【写真16】である。若き日の大山巌《おおやまいわお》、村田新八《むらたしんぱち》、川路利良《かわじとしよし》らが顔を揃え、将来を担うであろう若者が思い思いの姿勢をとっているのが印象的である。遠く離れた祖国への不安はあったかもしれないが、利通の表情からは微塵も感じられない。

帰国後は、使節団として訪れた欧米列強を念頭に国内体制を整えるべく、様々な政策を打ち立てるが、新政府に対する反発も並大抵ではなく、多事多難の連続で日記には写真を撮ったなどという記録はない。漸く二年後の明治八年（一八七五）になって横浜へ写真を撮りに行っている（【写真18】）。国内で洋装の姿を撮る初めてのことなのかもしれず、よほど感慨深かったのか、日記にも書いている。

〔明治八年〕四月廿六日

今朝八時より吉井氏、吉原氏同道、汽車より横浜へ至り、写真やに至り写し、外国店一覧、富貴楼に至り午飯。一時十五分汽車より帰〔る〕。品川ステーションより上陸、二本榎邸に至る。

（表記、文字遣いは適宜現代風に改めた）

利通が写った最後の一枚（【写真21】）は明治十年（一八七七）に上野で開催された第一回内国勧業博覧会（八月二十一日〜十一月三十日）の時のものである。この年の二月に西南戦争が勃発、開催に不安を覚える周囲に対し、産業振興のために博覧会開催は必要であると断固として譲らず、実行された。十一月二十日に記念メダル授与式が行われ、関係者一同が集まって撮られた集合写真がこれである。

盟友西郷隆盛《さいごうたかもり》を九月に失い、翌年五月には自らも命を落とすという丁度その合間である。曽孫である筆者には、うつむき加減の利通からは疲労感が漂い、苦悩の様子が偲ばれ、ややもすると「らしくない姿」と思えてならなかった。だが、同じ写真について落合功氏は次のように述べている。

> 私は、この写真に居る大久保が一番好きだ。大久保政権期の大久保を最も表しているような気がするのである。
>
> ＊
>
> 藩閥・身分にとらわれない多様な人材が大久保を支えていた。だから大久保は決して孤独ではなかった。
>
> ＊
>
> 写真の中に居る彼らは全員主役である。大久保はその代表であったのである。
>
> （日本経済評論社ＰＲ誌「評論　１６９号」より）

「写真」というものは見る人によって受け取る「情報」の捉え方が違う面白さを感じた一瞬であった。

写真とは、写された人物が誰であっても、人となり、服装、家具調度、風俗、行事、などその時代の生活を知る情報を持ち、撮影された時を物語る発信源と言って良いかも知れない。

幕末から明治時代に撮影された「現存する写真」は数が少なく、歴史的資料としても大変に貴重である。しかし、いつどこで何のために撮影され、また写っている人物が誰だか分からない、ということで興味が褪せ、歴史を語る証人として大切であるか否かも考えて貰えず、時の流れには勝てぬまま捨て去られてしまうことが多いのが現状ではないだろうか。ここ数年は「写真」に関する記事を新聞紙上でも見かけるようになり、また博物館や大学などの公的機関で保存されているものは整理、把握が進んでいるが、個人蔵分に関しては「ご縁」や「出会い」がない限り掘り起こすことは難しく、知られぬ前に失われていく可能性が高いとの関係者の嘆きも耳にする。

しかし、「写真」に携わる研究者らの努力により、これまで歴史資料の脇役に甘んじてきた写真が、文字資料と同じく主役としての価値があり、歴史研究の一端を担う存在になってきている。大切な歴史的証言となりうる「写真」を単なる骨董ではなく、「歴史写真」として扱い、保存環境を整え、後世に伝えるべくデジタル処理を施し、アーカイヴス化する作業が国内外で進められている。

「写真」にはこのように様々な情報が詰められているが、近年、デジタルカメラの登場によって手軽に、失敗を恐れずに際限なくシャッターを押し、上手くいかなければ即削除できるという、実に便利な時代になった反面、撮る、又は撮られる、そして遺すという意識が希薄になったような気がする。

激動の幕末から明治まで、約五十年を疾風の如く駆け抜けた曽祖父利通が遺してくれた数々の「写真」は、日本が近代化を進めた大きな変革の時代を「目で視る資料」として遺してくれた貴重な証言であると思う。

参考文献

『幕末維新　写真が語る』（安田克廣編、明石書店、一九九七）
『幕末・明治の写真』（小沢健志著、ちくま学芸文庫、一九九七）
『評伝・日本の経済思想　大久保利通　国権の道は経済から』（落合功著、日本経済評論社、二〇〇八）
「時代を映し出す光と影　写真を通して思うこと」（拙稿、中京大学評論誌「八事」第二十六号掲載、二〇一〇）

写真とコンテ画

キヨッソーネが遺した肖像画

大久保利恭

写真

大久保利通の「肖像画」と言えば、まずエドアルド・キヨッソーネ（Edoardo Chiossone 一八三三―一八九八）の手による銅版画が挙げられるだろう。

「肖像画」に相応しい「ポーズ」（姿勢）とはどのようなものであろうか。しかめ面で威儀を正したものから、微笑みながら腕を組むなどリラックスしているものがあるが、利通の「肖像画」の場合、どちらとも言えない不思議な柔らかさがある。

キヨッソーネは、イタリアはジェノヴァ出身で、明治八年（一八七五）一月、我が国の紙幣、郵便切手、印紙などの原版作成、銅版彫刻、印刷の技術指導のために「御雇い外国人」として招聘され来日した。彼は来日以降、大蔵省

銅版画

コンテ画

コンテ画のキヨッソーネの署名

紙幣寮（のちの印刷局）で各種の紙幣、印紙、郵便切手など現在我々が当たり前のように手にしている印刷物の原版を制作し、さらに明治天皇、昭憲皇太后を始めとして、皇族、政府高官などのコンテによる肖像画を数多く遺している。このように、天皇・皇后及び皇族方の肖像画の制作を日本人ではなく、外国人に依頼したことからは時代の流れと言うべきか、明治という時代の新しさを感じる。

翌明治九年末、来日して二年も経たぬうちに利通の肖像画を描くことになったのだが、利通自身が望んだのか、それとも誰かが勧めたのか不明である。

改めて写真、コンテ画、銅版画をそれぞれ見比べてみる。コンテ画は明治六年（一八七三）にパリで撮影した大礼服姿をモデルにしていることはほぼ間違いない。ただ、キヨッソーネと利通が直接会って話をする機会があったか否か、利通の日記には何の記述もなく、よく分からない。だが、

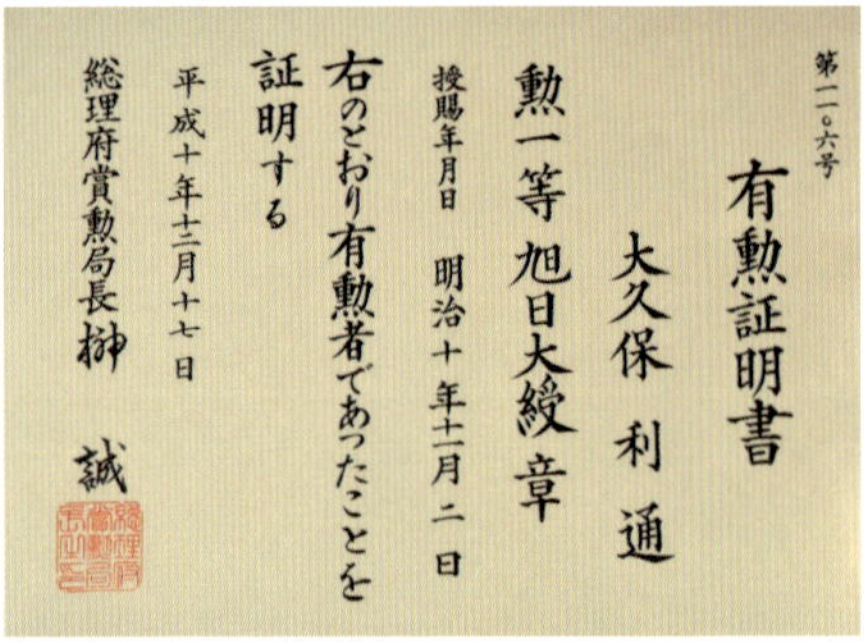
第一〇六号
有勲証明書
大久保　利　通
勲一等　旭日大綬章
授賜年月日　明治十年十一月二日
右のとおり有勲者であったことを
証明する
平成十年十二月十七日
総理府賞勲局長　榊　誠

有勲証明書

もしかしたらその機会はあったのではないか、と思わせるほど写真を基にしたコンテ画の眼の表情には、写真には無い「何か」があるような気がしてならない。

それに加えて、利通が明治十年十一月二日に勲一等旭日大綬章を受章したので、勲章と綬を佩用させる必要があり、キヨッソーネは完成していたコンテ画に写真には無かったそれらを描き加えている。

半年後の明治十一年五月に利通は暗殺され、キヨッソーネは出来上がったばかりのコンテ画を基にした原版制作に着手した。翌年、「勲一等贈正二位右大臣大久保公」の銅版印刷が完成し、大蔵省印刷局から発行された。この像の印刷で「メゾチント法」（凹版印刷技術のひとつ）が我が国で初めて紹介されている。

写真とコンテ画の違いについて、勲章と綬については先ほど記したが、ほかに何が異なっているだろうか。パリでの写真は写真館で撮影されたものなので、背景は壁のようであり、床に置かれたクッション、台にずれて掛けられている布、手に持った手袋と帽子など、撮影のために小道具が準備され、言われるがままにポーズを取っているような印象を受ける。コンテ画のほうはといえば、向かって左後ろには鏡か絵画の額、花瓶などが置かれているのは暖炉であろうか、右後ろには椅子の背もたれ、帽子が置かれた机上の本の上に手を置き、あたかも今呼ばれて立ち上がった直後を捉えた自然な姿勢に見える。とすれば場所は内務卿の執務室だろうか。次から次へと当時への想像がふくらむ。しかし、このコンテ画を見れば見るほど、写真や銅版画にはない線の柔らかさ、暖かさが感じられ、それと共に油彩画にはない、写真に近い緻密性までも感じさせる。

使節団副使としてアメリカに渡って外交交渉の何たるかを身を以て知り、イギリスでは産業革命によるまばゆいばかりの近代化を目の当たりにし、そしてパリで大陸の文明の煌めきを知った利通の瞳からは日本の近代化をいかに進めるべきか、そして次代を担う若者達をいかに育てるかという長期的計画を立てる熱意が溢れていたと思う。その瞳を捉えた写真に利通の熱意を読み取ったキヨッソーネはこのコンテ画を描いたのである。心身共に最も充実した時期を捉え肖像画として描いてもらえた本人は幸せであろうし、それを見ることが出来る私達子孫もまた幸せである。

最後にこぼれ話を一つ。肖像画というものには得てして多少なりとも手が加えられているものである。美術史を専攻した娘の恩師がパリでの写真と銅版画をご覧になり、利通の姿が背が高く、細身で格好良く見えるのは、画家の技術によるものではないこと、この銅版画が写真と変わらないことに非常に驚いておられた。まさに「写真」は動かぬ証拠となったのかも知れない。

参考文献
『国史大辞典』(吉川弘文館)
『お雇い外国人エドアルド・キヨッソーネとその時代展　キヨッソーネ来日100年を記念して』(イタリア文化会館編、イタリア文化会館、一九七六)
『日本の近代化とお雇い外国人』(村松貞次郎著・瀬底恒ほか編、日立製作所、一九九五)
『幕末維新　写真が語る』(安田克廣編、明石書店、一九九七)
『大久保利通』(佐々木克監修、講談社学術文庫、二〇〇四)

大久保家所蔵写真の魅力

森重和雄

明治維新における討幕の主役で長州藩の桂小五郎《かつらこごろう》（後の参議、文部卿、内閣顧問・木戸孝允《きどたかよし》）、薩摩藩の西郷吉之助《さいごうきちのすけ》（後の陸軍大将・西郷隆盛《さいごうたかもり》）と並ぶ、明治新政府の立役者、「維新の三傑」の一人に薩摩藩の大久保一蔵（後の大蔵卿、内務卿・大久保利通）がいる。

一九九〇年のＮＨＫ大河ドラマ『翔ぶが如く』で俳優の鹿賀丈史さんが、二〇〇八年の『篤姫』では原田泰造さんが、二〇一〇年の『龍馬伝』では及川光博さんが、二〇一三年の『八重の桜』では徳重聡さんが大久保利通を熱演されていたので、そのご記憶がある方もおられると思う。

大久保利通の肖像写真といえば、あの揉み上げから顔の下半分が被われた見事なヒゲの肖像写真が有名だが、この髭は明治四年（一八七一）の岩倉使節団に副使として随行した折から伸ばし始めたことが判っている（【写真3～18】）。

では、こうした肖像写真以外に、もっと若い頃の、幕末に近い時代の大久保利通の写真はないのだろうか。それがこれまで様々な書籍で何度となく紹介されたことのある明治元年（一八六八）頃に撮影された写真である。この写真の原本は大久保家所蔵の「明治元年頃御写真」(【写真1】)と書かれた包紙に入っていた写真で、裏面には鉛筆で「利通　明治元年頃」との書込みがあるものであった。

とまぁ、ここまでは幕末明治の歴史が好きな方であれば何かの歴史関係の雑誌や本で一度はご覧になったこともあるだろう。受験参考書や教科書などにも掲載されたことがあるので、一般の方にもよく知られた大久保利通の肖像写真だと思う。

　堀与《ほりよ》兵衛《へえ》などの幕末京都の写真館では、土佐藩士や幕臣、新選組隊士などが写された写真はあるのだが、薩摩藩士が写された写真は見つかっていないので、この肖像写真は、大坂で薩摩藩士御用達の写真館を開業していた中川信輔《なかがわのぶすけ》が撮影した可能性が高いのではないだろうか？　と考えている。

　中川信輔は嘉永から安政年間（一八四八－六〇）に銅版画家として活躍した人物で、「文雅堂肥後屋」という書店を営んでいたが、後に化学、写真術に興味を持ち、幕末に横田《よこた》朴斎《ぼくさい》、和田《わだ》猶松《なおまつ》などから写真を学び、慶応元年（一八六五）頃から大坂心斎橋北詰塩町角で写真館を開業していた人物である。中川信輔の写真館では、薩摩藩の若殿・島津《しまづ》忠欽《ただたか》や桐野《きりの》利秋《としあき》、戊辰戦争に参加した薩摩藩兵士たちも写真撮影をしており、慶応年間に撮影された古写真が多数残されている。

【写真2】の大久保利通の肖像写真については、先に紹介した「明治元年頃御写真」(【写真1】)のさらに大元の原本の可能性があると当初は考えていたのだが、その後よく調べてみると、「明治元年頃御写真」を元に、大久保利通が座っている床の敷物や右下の煙草盆を加筆・修正した鉛筆画を写真撮影したものである可能性が高いことが分かった。

　とはいえ、このような肖像画が大久保家に残されていたことは大変興味深く、新発見の大久保利通の肖像として貴重な資料だと思う。しかし残念ながらこの修正版も、「明治元年頃御写真」が撮影された場所や撮影した写真師を特定できる写真資料ではなかった。

今回、改めて大久保家にある写真をいろいろと見ていると、他にも面白い写真が数多くあることが判った。

たとえば岩倉全権大使とその副使たちの集合写真（【写真3】）は複写の写真ではあるが、この写真は同時間に何カットか撮影された集合写真のひとつであることが、別の写真（犬塚孝明・石黒敬章著『明治の若き群像』〈平凡社、二〇〇六年〉八六ページに掲載されている写真）との比較によって明らかになった。また大久保利通の肖像写真（【写真5】）も状態の良い同じ写真が、森有礼旧蔵の写真アルバム（石黒敬章氏所蔵）に存在することも判った。この肖像写真は【写真6】の撮影日時から明治五年二月十日（一八七二年三月十八日）に撮影されたことも判明した。

また明治二十二年夏に撮影された二本榎邸（大久保利通の別邸で後に嫡男の大久保利和《としなか》邸となった）の写真（【写真26、27】）や、千駄ヶ谷の徳川公爵邸の写真（【写真100】）も非常に珍しい写真だと思う。

さてこれらの写真を撮影した写真師、写真館についていま少しここで補足しておきたい。

【写真18】の大久保利通の写真は、幕末から明治初年の日本で活躍した有名な外国人カメラマン、フェリーチェ・ベアトの横浜の写真館で撮影された写真で、特にこのベアトの写真館の写真台紙は非常に珍しいものである。ベアトは日本滞在中、日本各地の風景や風俗を精力的に写真撮影し、元治元年（一八六四）には下関戦争の従軍写真家も務めている。

【写真19】の大久保満寿子の写真は、明治六年（一八七三）に東京日本橋呉服町時代の清水東谷《しみずとうこく》の写真館で撮影されたもので、写っている小道具の椅子やテーブルクロスは、清水東谷の写真を特定するためのベンチマークともなっている。清水東谷は、元は狩野派の絵師で本名を清水三吉《しみずさんきち》という。長崎出島のオランダ商館の医師として日本に派遣されていたシーボルトから要請を受けた幕府の命令で、文久年間に長崎に赴き、日本の植物研究を行うシーボルトの助手となって、植物の写生を手伝っている。この仕事を引き受ける際の条件がシーボルトから写真術を学ぶことであった。文久二年（一八六二）シーボルトが日本を離れる際に、写真機材一式をシーボルトから譲り受けて、明治五年（一八七二）に横浜馬車道住吉町四丁目に写真館を開業した。同年十月東京日本橋通二丁目に移転して、翌明治六年（一八七三）には呉服町に移り、さらにまた浜町に移転している。その後は再び横浜へ戻って油絵を専門に描き、外国人にも高く評価された。宮内省の御用写真師ともなっている。明治十四年（一八八一）の第二回内国勧業博覧会では油絵衝立を出品して褒状を受けている。同時に写真部門でも一等賞を受賞した。

【写真24】【写真48】【写真69】【写真70】【写真71】【写真77】【写真79】【写真94】の写真は、明治天皇を撮影した宮廷写真師・内田《うちだ》九一《くいち》、宮内省御用達だった清水東谷が亡くなった後の、次世代の宮廷写真師・丸木《まるき》利《り》陽《よう》撮影の写真で、大久保家は代々、この丸木利陽の写真館でよく写真を撮っていたようだ。当時の東京で一流の写真館である。丸木利陽は明治八年（一八七五）に福井から上京し、二見《ふたみ》朝陽《ちょうよう》（横《よこ》山《やま》松三郎《まつさぶろう》の弟子）の下で写真を学び、明治十三年（一八八〇）に独立して写真館を開業、明治二十一年（一八八八）には小《お》川《がわ》一真《かずまさ》と共に明治天皇、昭憲皇太后の写真撮影も行っている。

【写真65】は、東京新橋日吉町で写真館を開業していた小川一真が撮影している。小川一真は万延元年（一八六〇）八月武蔵国忍に生まれ、姓は藤原、幼名は朝之助、後に一真と改めている。明治六年（一八七三）に東京に出て有馬学校で学び、更に築地にあった宣教師バラの学校で語学を学んだ。明治八年

（一八七五）に群馬県豊岡町出身の吉原秀雄《よしはらひでお》（熊谷町一丁目塩屋にあった吉原写真館）に師事して写真術を学び、明治十年（一八七七）に群馬県富岡町で開業するが、明治十四年（一八八一）に写真館を閉めて、改めて横浜の下岡太郎次郎《しもおかたろうじろう》（下岡蓮杖《しもおかれんじょう》の養子）の下で写真術を学んでいる。また後に帝室技芸員の栄誉に輝き、写真撮影、写真版印刷、写真乾板の国産化、『日本美術帖』他二十五種の写真画帖出版、雑誌『写真新報』の編集など、写真文化にも大きな業績を残した。

【写真67】【写真82】は、大阪京町堀通三丁目二百三番地の「若林独立軒」の撮影で、撮影した若林耕《わかばやしこう》花は、明治六年（一八七三）愛知県春日井郡生まれ、父は徳川家の儒家・鉞田梧桐《おのだごとう》、初めの名は久。家は代々儒学をもって徳川氏に仕えていた。明治二十二年（一八八九）大阪に来て、若林耕花《わかばやしこうか》に師事して写真術を学び、明治二十九年（一八九六）には師の若林耕花の女婿となり「若林独立軒」を継承した人物。明治二十七年（一八九四）には北白川宮《きたしらかわのみや》の御用命を拝して同宮家への出入りも承っている。

【写真80】【写真81】は、大阪道脩町淀屋橋筋西（五丁目十七番地）で開業していた佐貫明《さぬきあきら》の撮影。佐貫明は明治初期の大阪の写真師・佐貫徳兵衛《さぬきとくべえ》の息子で、後に大阪写真会の副会頭を務め、写真界の発展に寄与した。

【写真105】は、鹿児島の神山写真館（鹿児島県鹿児島市照国町十七―二十八）で撮影された写真で、この神山写真館は平成の現在でも営業している鹿児島の老舗写真館のようだ。

【写真98】【写真109】【写真110】【写真111】【写真112】【写真114】は、東京市麻布区六本木町一番地にあった新宮館《にいみやかん》（大正十二年〈一九二三〉創業）で撮影された写真で、新宮館の館主は岡野順吉《おかのじゅんきち》。新宮館は東《ひがし》伏見宮《ふしみのみや》家の御用命を拝している。社会事業家で信徒伝道者の本間俊平《ほんましゅんぺい》（内村鑑三《うちむらかんぞう》の友人）の紹介で、新宮館は大久保家、牧野家御用達の写真館になったという。

それにしてもこういう歴史的に貴重な古写真が数多くあるとはさすが大久保家である。また大久保利桊氏の奥様である尚子《なおこ》夫人の御実家は西尾松平家なので、そちらから形見分けとして伝わった古写真資料にも貴重な写真が多い。これらもいずれ紹介させていただく機会を持ちたいと思う。

「歴史家」大久保利武

松田好史

明治の元勲大久保利通の三男[1]である大久保利武《としたけ》は、明治期から大正期にかけて鳥取・大分・埼玉・大阪の府県知事や農商務省商務局長等を歴任した藩閥系官僚として知る人ぞ知る人物である。彼の活動は地方行政や産業政策のほか、日本赤十字社・慈恵会・中央社会事業協会等を通じて参画した社会福祉事業や、日独文化協会会長として関与した国際交流等にも及んでおり、他方では薩派の一員として、また貴族院議員として、次兄牧野《まきの》伸顕《のぶあき》の政治活動を支える存在でもあった。[2]

利武は歴史学界においては、日本近代史研究の草分けである大久保利謙《としあき》氏の父として知られているが、実は利武自身も修史事業に大いに関係しており、その一端は既に利謙氏の語る処となっていたのであるが、ここでは大久保家所蔵の未公開史料「大久保利武関係文書」と利武の差出書翰とを交えて、利武の歴史家としての動向を追うことにしたい。

利武の歴史への関わりは、彼が明治二十七年（一八九四）にドイツのハレ大学に提出した学位論文「日本地方行政并自治政沿革歴史」に遡ることが出来る。[3]利武は兄である牧野に、

利通の伝記・日記・書翰集。これらの編纂は利武のライフ・ワークの一つであった。

小生目下試検用意致候事は〔松方〕巌君御咄被下候筈、何日そや申上候如く、試検論文之儀は最初欧州諸国地方財政を比較的に論する賦に有之、材料を取集め筆取り初め申候得共、已に此問題は多く学者方之著述に依り已に定論も有り、新奇之説を更に編み出す事容易に無之、且教師之勧も有之、今春より論題を替へ日本の古来よりの地方制度を論文に着手致、已に二百枚を越へ殆んと脱稿致候。
近日中に大学校討論会《ゼミナア》に朗読致候。教師の評次第にて直に試検論文として大学に提出致す賦に御坐候。

と書き送っており、[4] 先行研究の層が厚い欧州の地方財政研究を避けて日本の地方制度史を研究対象としたことが知られる。この書翰において利武は、帰朝後は「尚私之将来の仕事の用意に従事、地方行政に付て研究仕度」との希望を表明しているが、「地方行政に付て研究」するに当たって、その「沿革歴史」から着手する辺りに彼の歴史への志向が顕れている様にも思われるのである。

さて、利武の歴史事業への関わりにおいて最も重要なものが、『大久保利通伝』『大久保利通文書』『大久保利通日記』の編纂であることは言を俟たないであろう。牧野と利武は協力して徹底した史料の調査・蒐集を行っており、[5] その様子は、

父上御絶筆之義に付過般拝答致置候処、其後札元平山堂より通知致来、殊に中島〔久万吉〕男、古川〔ママ〕虎之助等も希望にて入札可致旨承知致候付、此方面えは早速交渉致断念を懇談致候処、快

諸致呉候。尚諸事担当の岩倉男爵へ掛合申候処、結局岩倉大久保両家の外には手渡り不致候様取計ふべしとの保証得能迄申越置候。多分違変は有之間敷候。尤も大久保家におゐては可成御譲受致度切望たる旨、此又得能を経て申込置候処、大抵目的を達候事出来可申との事に御坐候。右様成行御坐候得共、尚平山堂は兼而出入致候付、如何なる臨時之出来事発生致共是非他へ渡らざる様十分之注意可致旨申含置候。先つ間違は起申間敷期待致候。[6]

であるとか、

扨突然御坐候得共、曽て御覧に入れ候父上より西郷〔隆盛〕宛明治元年四月二十三日附長文之御書翰は、鈴木〔貫太郎〕侍従長之縁家之所有に有之（内容は軍艦脱走其他〔徳川〕慶喜之態度等に関し種々□伝被行候義に付御意見之開陳有之、史料として重要之もの）、是非譲受度相考候。西郷之書翰と交換之義申入候処、先方にては大村益次郎之手紙有之候はゞ其方を希望之趣返事有之、就ては二本榎には大村之分保存有之候様記憶致候付、兄上〔利和〕にも御異存無之候はゞ可然御見立被下候而は如何。父上之御直書は極めて貴重之部類に属候間、是非入手致度希望致候。[7]

そして、

大村益次郎書状慥に二本榎所蔵中に有之、唯多々は短かきものゝみなりし様に相覚候。若必要ならは通数を加へても可然かと被存候。近々二本榎蔵へ参り取調へ御覧に入れへく存候。[8]

といった遣り取りから窺うことが出来る。これらによると、史料の購入は勿論のこと、交換によって利通書翰の入手を図ったこともある様であり、現在の「大久保利通関係文書」の伝存状況を考える上でも重要な示唆を含んでいると見ることが出来よう。また、蒐集された史料をもとに、昭和二年には東京の青山会館で利通の遺墨展が開催され（【写真134、135】）、徳富蘇《とくとみそ》峰《ほう》による記念講演と相俟って「多大之印象と感動を世人に与へ」たという。この展覧会は徳富が企画したもので、利武は「今回徳富計画之記念会事業を機会に多年苦心蒐集之資料を広く世間に紹介相叶、先考尽忠心事之幾分たりとも闡明相成候事聯〔ママ〕慰め得たること御同慶之至奉存候」とその成功を喜んでいる。尚、「展覧会出品南洲〔西郷隆盛〕翁之例にならい同様遺墨集調製計画にて、掲載之遺墨選択方依頼有之、目下撮影中」とあって、同年に刊行された『甲東先生遺墨集』の掲載史料は、利武自身が選択したらしいことも知られるが、[9] 利通文書が非常に浩瀚なものであること、牧野・利武等はその内容を熟知していたことから考えると、或いは出品史料そのものの取捨についても大久保家側の意向が相当に働いているのではないかとも思われる。

一方で利武は、古文書のみならず史跡の保存にも力を入れており、大正三年には利通の京都における旧宅を購入・整備し「有待庵《ゆうたいあん》」と命名している。[10] 利武は牧野に「父上旧宅買入之一条は彼是遷延すれは永久に機会を逸する恐れありて、遂に小弟名義にて山田直矢様に金融借用を御相談、幸に承諾被下愈買入に着手、一両日中に登記手つゝき相済可申候。価格は遂に先方に足元を見られ高価に候得共、思切り手つゝき進め申候」と伝えており、[11] 親類の山田直矢から資金を借用し、大枚を叩いてこの旧宅を購入したことが知られる。また同年には、任地大阪を訪れた大山巌から利通旧宅に関する懐旧談を聞き、

過般大演習に大山〔巌〕元帥御来阪、旧宅の事申上候処、色々懐旧談種々の御記憶承はり候へとも、取込みの際十分に書取り不相叶候。何卒御出逢之時元帥より詳細御聞取被下度願上候。当時記憶の方々より何にか書き附けにして戴き保存候へ者、旧宅歴史上為後世好箇紀念に可相成かと愚考仕候。唯惜み〔ママ〕らくは生存の人少なきと存候。香川敬三・黒田清綱・福岡孝悌・山県〔有朋〕元師〔ママ〕・井上〔馨〕侯等、尤も当時枢機に与かりし人はなき為唯当時旧宅記憶の人なりとも存候。

と、オーラル・ヒストリーをも企画しているのである。[12] 後年利武は「有待庵を繞る維新史談」なる講演

を行っているが、この時の大山の談話がその契機となったことは疑いを容れないところである。この講演の談話筆記からは、来邸した大山が、西郷隆盛を警護して来邸したことはあるが、何時も供待ち部屋で待機していたので「実は家の中へ入りしは今日が始めて」だ、等と語ったことが知られる。[13]

この外にも、史跡関係の事業として、利武は昭和二年（一九二七）から財団法人岩倉公旧蹟保存会（当時）の会長も務めているが（【写真142】）、大正五年（一九一六）七月三十一日付の牧野宛書翰には、「七月二十日岩倉村に故右府公〔岩倉具視〕の祭典に参列致候。種々珍らしき史料不少候。何れ其内拝顔之期に可申上候」とあり、[14]岩倉具視顕彰事業への参画も、利通に関する史料の探索に端を発しているもののように思惟される。[15]

ところで、大久保利謙氏は、父利武のこれらの活動について、「歴史趣味とでも申すものがあり」、しかし利通関係については単なる趣味ではなく、「追慕のあまり、その事績を探り、維新回天の歴史を通してその精神の在るところを究めんとする為であったに外ならない」、「利通の事績調査は兼々意をいたし、自ら詳細な年譜を作り（大久保利通文書第十に収む）、利通の文書日記の類は精査して、大方その大意を諳んじて居」た、「遺墨その他関係資料は目に触るれば価を問わず購入し、然らざれば借覧して謄写保存する等蒐集に努め、逸話の如きは耳に入る毎に手記してあ」る、と述べているが、[16]その姿は戦後、憲政資料の蒐集に心血を注いだ利謙氏自身と瓜二つである。利謙氏は自身が歴史学を志した契機について明確には語っていないが、この大久保利謙以前の「大久保史学」の有形無形の影響は小さくないのではなかろうかと思われるのである。

そういえば、利武が顧問を務めていた鹿児島県史編纂事業に利謙氏も昭和十一年から委員として参加しており、また、利武が会長を務める日独文化協会による、シーボルトに関する史料調査に際しても、利謙氏が嘱託として調査を担当している。[17] 利謙氏にとって前者は薩派関係の史料に触れる一つの契機となったであろうし、後者が洋学研究の始点になっていることは言を俟たないところであろう。利武がこれらの実務にどの程度参画していたのかは猶検討を要する処ではあるが、[18] 利謙氏が歴史家としてステップアップを遂げる時期に、「歴史家」大久保利武から如何なる薫陶を受けたのかを想像するのも興味深いところである。

1 昭和三年、長兄利和の養嗣子となって大久保侯爵家を継承している。
2 拙稿「内大臣の側近化と牧野伸顕」(『日本歴史』七四三、二〇一〇年)を参照。
3 大久保利泰氏所蔵「大久保利武関係文書」(以下、「大久保文書」と略記)所収、「大久保利武自筆履歴」。
4 明治二十六年七月二日付牧野宛利武書翰、国立国会図書館憲政資料室所蔵「牧野伸顕関係文書」(以下、「牧野文書」と略記)書翰の部四一三―五。送り仮名は平仮名に統一し、適宜句読点を附した。
5 大久保家の写真史料には、利通の差出し書翰の写真版が少なからず含まれている。また、国立国会図書館憲政資料室所蔵の「大久保利謙旧蔵文書」にも、岩倉・三条・島津・伊藤・黒田等の諸家文書に含まれる利通書翰の写本が存在する。この写本のかなりの部分が利武・牧野及び伝記執筆者の勝田孫弥によって筆写されたものであり(「大久保家用紙」を使用しているものも多い)、伝記及び利通文書編纂の為に大久保家が蒐集したものであることは確実である。
6 大正四年四月一日付利武宛牧野書翰、「大久保文書」所収。
7 昭和八年一月二十七日付利武宛牧野書翰、「大久保文書」所収。
8 昭和八年一月三十日付牧野宛利武書翰、「牧野文書」書翰の部四一三―八三。
9 以上、昭和二年五月十九日付牧野宛利武書翰、「大久保利謙旧蔵文書」五七。本書翰によればその後大阪でも巡回展を行った様である。

10 重野安繹『西郷南洲逸話』・大久保利武『有待庵を繞る維新史談』（尚友倶楽部、一九九八年、初版一九四四年）一二五頁。

11 大正三年三月三日付牧野宛利武書翰、「牧野文書」書翰の部四一三―一九。

12 大正三年十二月三十日付牧野宛利武書翰、「牧野文書」書翰の部四一三―八〇。

13 前掲『有待庵を繞る維新史談』一二六～一二七頁。

14 「牧野文書」書翰の部四一三―二七。

15 岩倉公旧蹟保存会から京都市へ寄贈された「岩倉具視関係資料」に含まれるアルバムには、利武による註記が多数附されており、利武が整理の実務にも関与していたことが知られる。尚、利武は「楠公誕生地保勝会」の会長などもつとめているが（大正四年十二月十三日付斎藤実宛利武書翰。国立国会図書館憲政資料室所蔵「斎藤実関係文書」書翰の部四八六―六）、こちらは大阪府知事としての職務との関係が大であろう。この点については、森田俊雄「大阪府の史蹟調査と府立図書館の皇室関係大阪府郷土資料展示（後編）―大阪府知事大久保利武の事蹟と大阪府立図書館の展示史―」（『大阪城南女子短期大学研究紀要』四五、二〇一一年）を参照。

16 以上、前掲『有待庵を繞る維新史談』一三一～一三二頁。

17 因みに、利謙氏は、昭和二十四年から岩倉公旧蹟保存会の第二代会長を務めており、父子二代に亘って会長の任を担っていた。

18 「大久保文書」からは、鹿児島県史編纂事務所から定期的に「県史編纂業務進捗状況報告の件」の送附を受けていたことが知られる。

関連年表

元号	年	西暦	事項
文政	十三	一八三〇	利通誕生。
嘉永	三	一八五〇	利通、おゆら騒動に連座（嘉永六年赦免）。
安政	四	一八五七	利通、早崎満寿子と結婚。
	六	一八五九	利和誕生。
万延	元	一八六〇	利通、初めて島津久光に面会。
文久	元	一八六一	伸顕誕生。
			利通、御小納戸となり藩政に参画。
文久	二	一八六二	利通、久光に随行し初めて京都へ。後江戸へ。
	三	一八六三	利通、御側役となる。
慶応	元	一八六五	利武誕生。
	二	一八六六	利通、杉浦ゆうと同居。
	三	一八六七	王政復古政変。利通、参与に就任。
明治	二	一八六九	利通、参議就任。
			利通、賞典禄一八〇〇石を賜り従三位に叙せらる。

元号　年	西暦	事項
明治　四	一八七一	利通、大蔵卿就任。
		利通、岩倉使節団副使として欧米へ出発。
		利和・伸顕、米国へ留学（～七年）。
五	一八七二	利通、伊藤博文とともにアメリカより一時帰国。
		利通、再渡米し、その後、イギリス、フランスを歴訪。
六	一八七三	利通、ベルギー、オランダ、ドイツを歴訪。
		利通帰朝。征韓論政変後参議就任。
		利通、内務卿就任。
七	一八七四	利通、佐賀の乱鎮圧を指揮。
		利通、全権大使として渡清し台湾出兵の事後処理を協議。
		満寿子、子供たちと上京。
九	一八七六	芳子誕生。
十一	一八七八	利通暗殺さる。
		利和、父利通の功により華族に列せられる。
		利賢誕生。
		満寿子死去。
十二	一八七九	伸顕、外務省入省。
十六	一八八三	利武、大学予備門入学。
十七	一八八四	利和、父利通の功により侯爵。
二十	一八八七	利武、第一高等中学校を卒業しエール大学入学。

二十二	一八八九	利武、エール大学卒業。
二十三	一八九〇	帝国議会開設、利和、貴族院侯爵議員となる。
		利武、ハレ大学入学。
二十七	一八九四	利武、ハレ大学より博士号を受ける。帰朝。
二十八	一八九五	利武、台湾総督府入府。
二十九	一八九六	利武、内相秘書官となり内務省へ転任。
		伸顕、駐伊公使として渡欧（後駐墺公使に転じ三十七年帰朝）。
三十二	一八九九	利武、近藤栄と結婚。
三十三	一九〇〇	利武、鳥取県知事就任。
		利謙誕生。
		利武、欧州諸国における地方行政事務調査のため渡欧。
三十四	一九〇一	利武帰朝、大分県知事就任。利正誕生。
三十八	一九〇五	利武、埼玉県知事就任。
三十九	一九〇六	伸顕、文部大臣就任（〜四十一年）。
四十	一九〇七	伸顕、男爵に叙せらる。
四十一	一九〇八	通忠誕生。
四十二	一九〇九	利武、農商務省商務局長就任。
四十三	一九一〇	勝田孫弥『大久保利通伝』刊行。
四十四	一九一一	伸顕、農商務大臣就任（〜大正元年）。
大正 元	一九一二	利武、大阪府知事就任。
二	一九一三	伸顕、外相就任（〜三年）。

元号	年	西暦	事項
大正	六	一九一七	利武退官。貴族院勅選議員就任。
	七	一九一八	パリ講和会議。伸顕全権委員、利武外務省嘱託として渡仏。
	九	一九二〇	伸顕、子爵に陞爵。
	十	一九二一	伸顕、宮内大臣就任。
	十四	一九二五	伸顕、内大臣就任、伯爵に陞爵。
昭和	二	一九二七	青山会館にて「甲東先生遺墨展覧会」開催。『大久保利通日記』刊行。
	三	一九二八	利和隠居。利武襲爵、貴族院侯爵議員となる。 利謙、東京帝国大学卒業、同文学部副手となる。
	七	一九三二	利謙が草稿執筆の『東京帝国大学五十年史』刊行。
	八	一九三三	利謙、米田八重子と結婚。
	九	一九三四	利桊誕生。
	十	一九三五	伸顕、内大臣辞任。
	十八	一九四三	利武死去。利謙襲爵し貴族院侯爵議員となる。
	二十	一九四五	利和死去。
	二十四	一九四九	伸顕死去。
	三十一	一九五六	栄死去。

佐々木克監修『大久保利通』掲載の利通年譜、大久保家所蔵「大久保利武履歴」、大久保利謙『日本近代史学事始め』掲載の利謙年譜、及び伊藤隆他編『牧野伸顕日記』掲載の伸顕年譜より作成。

大久保家系図

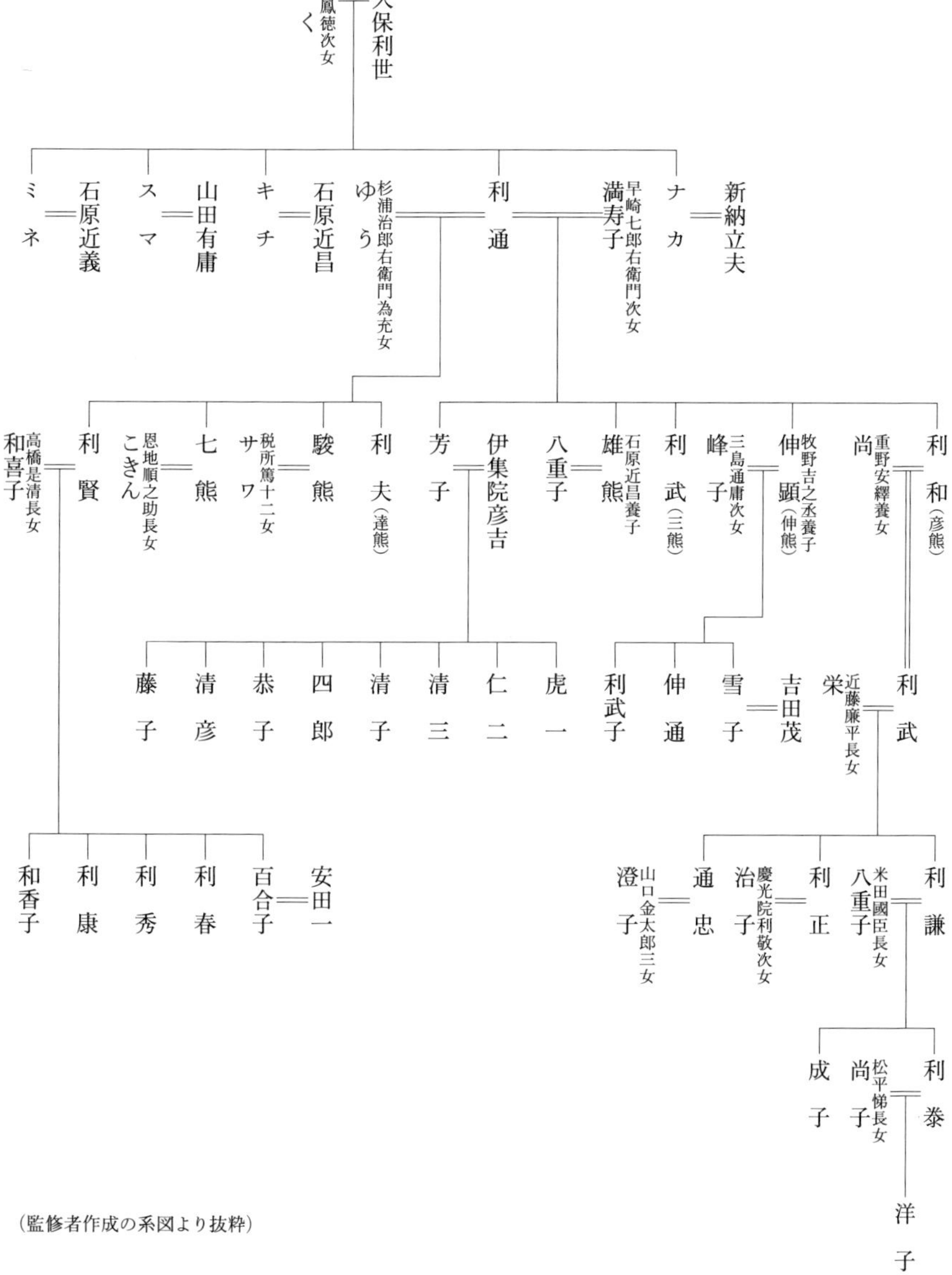

（監修者作成の系図より抜粋）

主要参考文献

大久保家所蔵「大久保利武関係文書」
国立国会図書館憲政資料室寄託「大山巌関係文書」
国立国会図書館憲政資料室所蔵「樺山資英関係文書」
国立国会図書館憲政資料室所蔵「牧野伸顕関係文書」
早稲田大学図書館所蔵「宮島誠一郎関係文書」
『大久保利通日記』（日本史籍協会、一九二七年）
伊藤隆編『斎藤隆夫日記』（下、中央公論新社、二〇〇九年）
伊藤隆他編『牧野伸顕日記』（中央公論社、一九九〇年）
『雍仁親王実紀』（吉川弘文館、一九七二年）
『岩倉公五十年祭記要』（岩倉公旧蹟保存会、一九三三年）
平木収『映像文化論』（武蔵野美術大学出版局、二〇〇二年）
佐々木克監修『大久保利通』（講談社学術文庫、二〇〇四年）
勝田孫弥『大久保利通伝』（上下、同文館、一九一〇年）
『お雇い外国人エドアルド・キヨッソーネ没後一〇〇年展―その業績と明治の印刷文化―』（大蔵省印刷局記念館、一九九七年）
牧野伸顕『回顧録』（上下、中公文庫、一九七七〜七八年）
『鹿児島大百科事典』（南日本新聞社、一九八一年）
金沢誠・川北洋太郎・湯浅泰雄編『華族―明治百年の側面史―』（講談社、一九六八年）
伊藤隆・季武嘉也編『近現代日本人物史料情報辞典』（一〜三、吉川弘文館、二〇〇四〜〇七年）

『近代日本総合年表』（第四版、岩波書店、二〇〇一年）
重野安繹『西郷南洲逸話』・大久保利武『有待庵を繞る維新史談』（尚友倶楽部、一九九八年）
『財団法人鹿児島造士会創立二十五年記念誌』（鹿児島造士会、一九三六年）
『財団法人島津奨学資金創立三十年記念誌』（島津奨学資金、一九三五年）
小西四郎編『写真記録　日本学生の歴史』（日本図書センター、二〇〇九年）
『しらゆき　島津忠重・伊楚子追想録』（島津出版会、一九七八年）
井桜直美『セピア色の肖像』（朝日ソノラマ、二〇〇〇年）
末広一雄『男爵近藤廉平伝』（末広一雄、一九二六年）
久米邦武編『特命全権大使　米欧回覧実記』（全五巻、岩波文庫、一九七七〜八二年）
秦郁彦編『日本官僚制総合事典』（東京大学出版会、二〇〇一年）
秦郁彦編『日本近現代人物履歴事典』（東京大学出版会、二〇〇二年）
臼井勝美・高村直助・鳥海靖・由井正臣編『日本近現代人名辞典』（吉川弘文館、二〇〇一年）
大久保利謙『日本近代史学事始め―歴史家の回想―』（岩波新書、一九九六年）
西村智宏『日本芸術写真史』（美学出版、二〇〇八年）
東京都写真美術館監修『日本写真家事典』（淡交社、二〇〇〇年）
東京都写真美術館監修『日本の写真家』（日外アソシエーツ、二〇〇五年）
大久保利謙監修『日本の肖像　旧皇族・華族秘蔵アルバム』（全十二巻、一九八九〜九一年）
秦郁彦編『日本陸海軍総合事典』（第二版、東京大学出版会、二〇〇五年）
『平成新修華族家系大成』（上下、霞会館、一九九六年）
奈良岡聰智「別荘からみた近代日本政治　第一回・大久保利通」（『公研』五六〇、二〇一〇年）
祖田修『前田正名』（吉川弘文館、一九七三年）
日本歴史学会編『明治維新人名辞典』（吉川弘文館、一九八一年）
刑部芳則『明治国家の服制と華族』（吉川弘文館、二〇一二年）

あとがき

森重和雄

従来の古写真を扱った書籍では、それまでの誤った写真説明をそのまま利用して編集されたものが意外に多い。その理由の一つは、古写真を研究するためには良質な古写真資料の情報公開や、様々な分野の研究者たちの協力が必要であるにもかかわらず、その点が充分ではなかったからだ。

そのため本書の出版にあたっては、写真台紙のある写真についても基本的にトリミングなどは一切せず、写真台紙に貼られた状態で写真をオールカラーで掲載し、台紙裏側についても確認できるような編集方針で臨んだ。写真がアルバムに直接貼られた状態のものについては、これもトリミングなどはせず、写真部分の全体がよく判るように掲載することとした。また、写真説明文なども誤りのないように心がけて編集作業を行った。

とはいえ何かお気づきの点があればぜひご意見を頂きたい。古写真の研究においては一人の研究者が全能の神のように全てを検証することは不可能だと考えるからだ。一枚の写真を様々な人が眺めて、古写真に興味を持って貰うことは、充分意義があることであり、それこそ本書を世に問ういちばんの目的だとも思う。

大久保家には今回紹介した百五十点の写真以外にも数多くの興味深い古写真資料がまだまだある。それらの写真もぜひ再び、今回と同じような形で紹介したいと考えている。そのためにも本書を一人でも多くの人々に見ていただきたいと願っている。

最後になりましたが、本書の企画に賛同して出版を決断していただいた国書刊行会及び編集部の清水範之氏に御礼を申し上げたい。また本書の帯に一文を寄せていただいた京都大学名誉教授・霞会館理事の岩倉具忠氏、大久保家でいつもわたしたちを温かくもてなして下さった尚子夫人、洋子さんに感謝の意を表します。

本書がきっかけとなってさらに新たな事実が判明することを願っています。

平成二十五年十月

写真リスト

〔**凡例**〕写真リストは、写真番号、写真タイトル(亀甲括弧無しのタイトルは大久保家の人物によって既に付けられていたタイトルであり、亀甲括弧有りのタイトルは編者が便宜的に付けたタイトル)、制作者、写真形態、法量(縦×横mm、台紙付きのものは括弧内に台紙の法量)、制作年(判明しているものは年月、または年月日まで)の順に記した。なお、制作者・制作年が不明の場合は表記していない。

1
明治元年頃御写真(一)
P.O.P
382×266
明治元年

2
〔明治元年頃御写真(二)〕
P.O.P
299×249
明治元年

3
明治四年十二月
岩倉全権大使并副使
米国桑港到着之後撮影
ゼラチンシルバープリント
212×275(327×392)
明治4年12月

4
〔大久保利通(一)〕
C. E. Watkins
アルビュメンプリント
146×97(165×108)
明治4年12月〜明治5年1月

5
Financial Minester
Toshimits Okubo
F. Thorp
アルビュメンプリント
128×90(153×101)
明治5年2月10日

6
〔大久保利通(二)〕
F. Thorp
アルビュメンプリント
127×90(158×109)
明治5年2月10日

7
〔大久保利通(三)〕
アルビュメンプリント
137×96(154×112)
明治5年2月

8
利通公写真
C. E. Watkins
アルビュメンプリント
149×99(167×108)
明治5年6月

9
故内務卿閣下御写真
アルビュメンプリント
134×93(213×139)
明治5年6月

10
〔大久保利通(四)〕
アルビュメンプリント
95×61(107×65)
明治5年6月

11
〔大久保利通(五)〕
Maull & Co.
アルビュメンプリント
143×100(167×107)
明治5年

12
〔大久保利通(六)〕
Numa Blanc
アルビュメンプリント
140×99(165×101)
明治5〜6年

13
〔大久保利通(七)〕
Numa Blanc
アルビュメンプリント
92×57(95×63)
明治5〜6年

14
〔大久保利通(八)〕
Numa Blanc
アルビュメンプリント
92×57(104×63)
明治5〜6年

15
〔大久保利通(九)〕
Numa Blanc
アルビュメンプリント
91×56(105×63)
明治5〜6年

16
明治六年四月仏国巴里ニ於ケル県人記念撮影
アルビュメンプリント
225×294(342×442)
明治6年4月8日

17
明治六年巴里而利通撮影
アルビュメンプリント
230×169(430×340)
明治6年

18
〔大久保利通(十)〕
Felice Beato
アルビュメンプリント
140×101(163×113)
明治8年

19
〔大久保満寿子(一)〕
清水東谷
アルビュメンプリント
90×59(106×63)

20
〔大久保満寿子(二)〕
アルビュメンプリント
92×60(108×65)

21
明治十年内国勧業博覧会開会式記念写真
丸木利陽(複写)
アルビュメンプリント
200×271(347×418)
明治10年11月20日カ

22
大久保利和・牧野伸顕兄弟
P.O.P.
137×97(221×171)
明治4年

23
大久保利和・尚夫妻
アルビュメンプリント
195×127

24
〔重野安繹〕
丸木利陽
アルビュメンプリント
141×98(164×107)
明治31年3月27日

25
〔大久保利武(一)〕
東京印刷局
アルビュメンプリント
89×60(104×64)
明治15年4月28日

26
明治二十二年夏二本榎邸撮影(一)
Manokwan
アルビュメンプリント
199×256(270×325)
明治22年

27
明治二十二年夏二本榎邸撮影(二)
Manokwan
アルビュメンプリント
202×264(271×325)
明治22年

28
明治十九年帝国大学予備門駒場農校記念
アルビュメンプリント
104×148
明治19年

29
明治二十年米国紐育市ニテ蜂須賀侯高良二氏
アルビュメンプリント
139×100
明治20年

30
蜂須賀茂韶夫妻
ゼラチンシルバープリント
114×82

31
〔薩摩出身の在米留学生たち〕
Hauncey L. Moore
アルビュメンプリント
197×238(203×253)
明治20年9月

32
〔大久保利武(二)〕
Pach Bros
アルビュメンプリント
164×107(148×100)
明治22年6月

33
昭和十一年六月三日エール大学会晩餐会
アルビュメンプリント
165×210
昭和11年6月3日

34

〔大久保利武ご学友〕
J. L. Lovell
アルビュメンプリント
140×101(164×107)
明治22年

35

米国エール大学在学中入手
武林盛一
アルビュメンプリント
118×81
明治23年1月

36

〔大久保利武(三)〕
Muller & Pilgram
アルビュメンプリント
86×58(104×63)
明治23年

37

〔大久保利武(四)〕
Muller & Pilgram
アルビュメンプリント
90×58(102×63)
明治23年

38

〔近衛篤麿〕
Georg Brokesch
アルビュメンプリント
144×103(164×107)
明治23年

39

〔大久保利武(五)〕
Muller & Pilgram
アルビュメンプリント
144×103(167×108)
明治24年

40

〔松方巖〕
Shanglein O Lie
アルビュメンプリント
93×60(105×63)
明治24年8月10日

41

〔井上勝之助〕
E. Bieber
アルビュメンプリント
92×60(104×64)
明治24年

42

〔井上勝之助・末子夫妻〕
E. Bieber
アルビュメンプリント
144×103(167×108)
明治24年

43

明治二十五年伯林会合記念
アルビュメンプリント
122×195
明治25年

44

〔依田昌兮〕
J. Van Ronzelen
アルビュメンプリント
93×60(105×62)
明治25年4月

45

山田彦八
アルビュメンプリント
143×103
明治25年11月

46

〔大久保利武(六)〕
J. Van Ronzelen
アルビュメンプリント
148×104(166×109)
明治26年

47

〔大久保利武(七)〕
Hermann & Cie
アルビュメンプリント
92×58(104×63)
明治26年

48

〔大久保利武(八)〕
丸木利陽
アルビュメンプリント
91×59(108×66)
明治30年

49

海軍大将 伯爵 樺山資紀
ゼラチンシルバープリント
160×123
明治28年以降

50

〔樺山資紀〕
ゼラチンシルバープリント
134×92
大正6年以降

51

樺山伯ト愛孫 大磯別荘
ゼラチンシルバープリント
143×197
明治30年代末〜40年代初頭

52

牧野伸顕・峰子夫妻
アルビュメンプリント
140×100
明治26〜28年

53
〔**牧野伸顕夫妻**〕
アルビュメンプリント
148×103
明治30年代

54
牧野峰子
アルビュメンプリント
139×104

55
明治三十三年巴里記念撮影
アルビュメンプリント
208×253
明治33年

56
〔**大久保利武（九）**〕
L. Pietrner
アルビュメンプリント
145×102（163×108）
明治33年8月25日

57
〔**大久保利武（十）**〕
L. Pietrner
アルビュメンプリント
92×61（104×64）
明治33年8月25日

58
〔**牧野伸顕**〕
アルビュメンプリント
205×145
明治33年8月25日

59
〔**大久保利武と**
牧野伸顕一家〕
アルビュメンプリント
145×102
明治33年8月25日

60
〔**大久保利武（十一）**〕
Elliott & Fry
アルビュメンプリント
148×103（165×106）
明治33〜34年

61
〔**大久保利武（十二）**〕
Elliott & Fry
アルビュメンプリント
148×103（165×107）
明治33〜34年

62
〔**林董**〕
Lafayette
アルビュメンプリント
200×148（228×159）
明治34年2月

63
〔**荒川巳次**〕
C. A. Gandy
アルビュメンプリント
97×59（104×62）
明治33〜34年

64
澳利亜維納於ケル
松方公牧野公使
アルビュメンプリント
199×127
明治35年

65
〔**大久保利武（十三）**〕
小川一真
アルビュメンプリント
135×95（168×110）
明治35年5月

66
〔**近藤廉平一家（一）**〕
アルビュメンプリント
207×268

67
〔**大久保利武（十四）**〕
若林耕
アルビュメンプリント
141×100（168×108）
明治36年

68
〔**近藤廉平一家（二）**〕
アルビュメンプリント
273×395

69
〔**大久保利武（十五）**〕
丸木利陽
アルビュメンプリント
142×100（182×129）
明治36年4月

70
〔**大久保一家（一）**〕
丸木利陽
ゼラチンシルバープリント
215×273（350×426）
明治中期

71
〔**大久保利武（十六）**〕
丸木利陽
ゼラチンシルバープリント
141×97（197×149）
明治37〜38年

72
〔**大久保利武（十七）**〕
アルビュメンプリント
170×95（178×127）

73

利武商工局長披露宴

ゼラチンシルバープリント

287×410

74

大久保利賢・和喜子結婚記念

ゼラチンシルバープリント

215×276

明治44年12月5日

75

〔高橋是清〕

ゼラチンシルバープリント

269×203

昭和2年6月以降

76

安田一結婚記念

ゼラチンシルバープリント

211×258

昭和7年4月

77

〔大久保一家(二)〕

丸木利陽

ゼラチンシルバープリント

214×275(346×422)

明治末年

78

二本榎邸 園池会

ゼラチンシルバープリント

270×382

79

〔大久保利武(十八)〕

丸木利陽

ゼラチンシルバープリント

141×97(230×153)

大正3〜4年

80

〔大久保利武(十九)〕

佐貫明

ゼラチンシルバープリント

148×101(225×140)

大正3〜4年

81

〔大久保利武(二十)〕

佐貫明

ゼラチンシルバープリント

142×84(250×165)

大正3〜4年

82

〔大久保利武(二十一)〕

若林耕

ゼラチンシルバープリント

138×92(216×148)

大正5年

83

大正六年十二月二十四日堂島官邸

ゼラチンシルバープリント

202×156

大正6年12月24日

84

伏見宮巣鴨家庭学校

ゼラチンシルバープリント

215×269

大正11年

85

講和調印夕記念会

ゼラチンシルバープリント

120×170(201×237)

大正8年6月28日

86

〔近藤廉平〕

Underwood & Underwood

ゼラチンシルバープリント

258×199(395×312)

大正8年2月

87

〔黒川新次郎〕

ゼラチンシルバープリント

184×142

大正13年7月6日

88

英国キャピテンゼームス邸記念

ゼラチンシルバープリント

135×84

大正8年

89

倫敦正金支店長邸記念

ゼラチンシルバープリント

237×289

大正8年

90

英国皇太子鹿児島磯邸行啓

ゼラチンシルバープリント

184×246

大正11年5月

91

英国皇太子島津家磯邸行啓

ゼラチンシルバープリント

198×255

大正11年5月

92

久邇宮御一家磯邸

ゼラチンシルバープリント

209×269

大正13年以前

93
〔久邇宮御一家〕
ゼラチンシルバープリント
208×270
大正13年以前

94
〔大久保利武(二十二)〕
丸木利陽
ゼラチンシルバープリント
132×90(250×170)
大正末〜昭和初期

95
〔大久保利武(二十三)〕
Eug, Pirou
ゼラチンシルバープリント
125×97(230×154)
昭和3年

96
総会式後記念写真
ゼラチンシルバープリント
208×271

97
閑院宮総裁朝鮮記念
ゼラチンシルバープリント
205×269
昭和4年10月1日

98
〔斎藤実〕
新宮館
ゼラチンシルバープリント
199×136
大正13年以降

99
米国ヴァンダービルド一行
紅葉館
ゼラチンシルバープリント
112×155

100
各国大公使徳川公爵邸
ゼラチンシルバープリント
110×151
昭和6〜7年

101
島津久大結婚当日記念
ゼラチンシルバープリント
106×150
昭和8年11月15日

102
鹿児島造士会
水交社ニ於テ
ゼラチンシルバープリント
211×270
昭和9年11月26日

103
島津奨学資金三十年紀念
ゼラチンシルバープリント
206×266
昭和9年12月11日

104
目黒西郷侯邸祭典後
山本東郷両伯
ゼラチンシルバープリント
204×144
昭和2年9月23日

105
〔大久保利武(二十四)〕
神山写真館
ゼラチンシルバープリント
139×98(233×154)
昭和9年

106
御親閲鹿児島伊敷学校生徒
ゼラチンシルバープリント
204×276
昭和10年11月

107
南洲翁銅像鋳造所成り
発送前 一日
ゼラチンシルバープリント
265×203
昭和12年5月1日

108
南洲翁銅像城山下建設
昭和十二年五月
ゼラチンシルバープリント
137×85
昭和12年5月

109
〔大久保利武(二十五)〕
新宮館
ゼラチンシルバープリント
146×104(276×180)

110
〔大久保栄〕
新宮館
ゼラチンシルバープリント
184×121(294×202)

111
〔大久保利武(二十六)〕
新宮館
ゼラチンシルバープリント
198×137

112
昭和十年紀元節撮影(一)
新宮館
ゼラチンシルバープリント
229×179
昭和10年2月11日

113
昭和九年十月十九日
東京本社赤十字国際会議
各国代表委員開会式
当日記念撮影
G. T. Sun Co.
ゼラチンシルバープリント
191×1253(285×1348)
昭和9年10月19日

114
〔昭和十年紀元節撮影(二)〕
新宮館
ゼラチンシルバープリント
227×206
昭和10年2月11日

115
御殿山喜寿祝宴記念
ゼラチンシルバープリント
209×272
昭和10年7月7日

116
牧野伯喜寿晩餐記念
ゼラチンシルバープリント
208×275
昭和12年11月1日

117
貴族院研究会員記念撮影
ゼラチンシルバープリント
220×283
昭和11年頃

118
貴族院議員宴会記念
ゼラチンシルバープリント
178×278
昭和6年以降

119
昭和十二年四月十九日
ヘレン・ケラー女史大歓迎会
ゼラチンシルバープリント
140×191
昭和12年4月9日

120
昭和十二年四月
米国女聖ヘレン・ケラー女史
来朝記念(一)
ゼラチンシルバープリント
192×140
昭和12年4月

121
昭和十二年四月
米国女聖ヘレン・ケラー女史
来朝記念(二)
ゼラチンシルバープリント
140×193
昭和12年4月

122
〔ヘレン・ケラー
サイン入りパネル〕
ゼラチンシルバープリント
236×186(354×280)
昭和13年6月

123
木戸文相啓明会晩餐挨拶
ゼラチンシルバープリント
115×161
昭和12年11月8日

124
東大長与総長
スプランガー教授歓迎午餐
ゼラチンシルバープリント
208×287
昭和11～12年

125
秩父宮殿下独逸展覧会
ゼラチンシルバープリント
196×269
昭和13年9月2日

126
奥沢ニ於ける
一家清遊の集い
ゼラチンシルバープリント
82×110

127
昭和十四年七月
庭前の色々
ゼラチンシルバープリント
79×58
昭和14年7月

128
大学五十年史編纂記念
ゼラチンシルバープリント
215×277
昭和7年

129
昭和十三年六月二十五日
通忠結婚式記念撮影
ゼラチンシルバープリント
205×269
昭和13年6月25日

130
〔大久保利武(二十七)〕
ゼラチンシルバープリント
79×118

131

〔大久保利武(二十八)〕
Punica Photograph
ゼラチンシルバープリント
93×57(105×61)

132

昭和十七年五月十四日
祭典後の記念園遊会
新宮館
ゼラチンシルバープリント
212×285
昭和17年5月14日

133

〔二本榎邸の応接間で
寛ぐ利武〕
ゼラチンシルバープリント
58×94
昭和11年末

134

〔大久保甲東先生五十年祭
記念遺墨展覧会〕
ゼラチンシルバープリント
110×146
昭和2年5月

135

遺墨展覧会高松宮台覧
ゼラチンシルバープリント
111×147
昭和2年5月

136

〔徳富蘇峰〕
ゼラチンシルバープリント
215×254
昭和11年頃

137

昭和三年五月十四日
五十年祭々典写真 其一
青山広瀬
ゼラチンシルバープリント
210×273(315×383)
昭和3年5月14日

138

〔大久保利通墓前祭〕
ゼラチンシルバープリント
270×396

139

安積疎水大久保神社祭典
ゼラチンシルバープリント
212×274
昭和7年10月2日

140

大阪浜寺記念詩碑除幕
ゼラチンシルバープリント
206×265

141

贈右大臣大久保利通公碑
除幕式
ゼラチンシルバープリント
137×196
昭和16年

142

岩公五十年墓前祭
ゼラチンシルバープリント
214×281
昭和7年5月20日

143

劇場楽や記念写真
ゼラチンシルバープリント
112×148
昭和8年4月7日

144

昭和十二年 御使帰還後
岩倉公始メ来賓記念写真
ゼラチンシルバープリント
110×154
昭和12年6月19日

145

〔フルベッキ写真〕
上野彦馬(複写)
P.O.P.
150×207(238×308)
明治元年頃

146

〔前田正名(一)〕
東京印刷局
アルビュメンプリント
89×60(103×62)
明治12〜13年

147

〔前田正名(二)〕
アルビュメンプリント
149×104

148

〔伊集院彦吉夫妻〕
アルビュメンプリント
195×130

149

〔伊集院彦吉一家〕
ゼラチンシルバープリント
97×137
明治42〜44年

150

〔伊集院彦吉〕
ゼラチンシルバープリント
152×103

［監修者］

大久保利恭（おおくぼ・としひろ）

利通から数えて四代目で曽孫。一九三四年東京都生まれ。慶應義塾大学文学部、経済学部卒業。昭和三十五年～平成六年横浜ゴム株式会社勤務、平成九年～平成二十五年社団法人霞会館理事、常務理事を経て、現在、一般社団法人霞会館顧問。

著書に、『東京都庭園美術館　旧朝香宮邸をたずねて』（霞会館、二〇〇〇年、非売品）、『遺品逸品』（光文社・知恵の森文庫、二〇〇六年、共著）、『薩摩のキセキ』（総合法令出版、二〇〇七年、共著）、『霞会館京都支所のあゆみ』（霞会館、二〇一〇年、非売品）などがある。

［編者］

森重和雄（もりしげ・かずお）

古写真研究家・作家。古写真調査研究会代表。一九五八年熊本県生まれ。大分大学経済学部卒業。

著書に、『幕末明治の写真師　内田九一』（内田写真株式会社、二〇〇五年）、『英傑たちの肖像写真』（渡辺出版、二〇一〇年、共著）、『復刻版　日清戦況写真』（国書刊行会、二〇一三年、共著）がある。

日本カメラ財団小誌（JCII NEWS）にて「幕末明治の写真師列伝」、雑誌『歴史通』にて古写真をテーマにした「古写真探偵」を連載。

倉持　基（くらもち・もとい）

一九七〇年東京都生まれ。東京大学大学院学際情報学府博士課程単位取得満期退学。古写真調査研究会副代表。専攻、歴史写真学。

著書・論文に、『英傑たちの肖像写真』（渡辺出版、二〇一〇年、共著）、「『フルベッキと塾生たち』写真の一考察」（『上野彦馬歴史写真集成』所収、渡辺出版、二〇〇六年）、「明治天皇「御真影」と「フルベッキ写真」の関係性を探る」（『歴史読本』二〇〇八年三月号所収、新人物往来社）などがある。『歴史読本』二〇一四年一月号より「秘蔵写真で見る旧華族の肖像」を連載。

松田好史（まつだ・よしふみ）

一九七七年生まれ、鳥取県出身。早稲田大学大学院文学研究科博士後期課程満期退学。博士（文学）。現在、一般社団法人霞会館非常勤嘱託員。専攻、日本近代史。

論文に、「内大臣制度の転機と平田東助」（『国史学』一九九、二〇〇九年）、「内大臣の側近化と牧野伸顕」（『日本歴史』七四三、二〇一〇年）、「大正期の常侍輔弼と内大臣」（『史観』一六三、二〇一〇年）などがある。

大《お》久《お》保《くぼ》家《け》秘《ひ》蔵《ぞう》写《しゃ》真《しん》　大《お》久《お》保《くぼ》利通《としみち》とその一族《いちぞく》

二〇一三年十月十日初版第一刷印刷
二〇一三年十月二十日初版第一刷発行

監修者　大久保利泰
編者　森重和雄・倉持基・松田好史
発行者　佐藤今朝夫
発行所　株式会社国書刊行会
東京都板橋区志村一―一三―一五　〒一七四―〇〇五六
電話〇三―五九七〇―七四二一
ファクシミリ〇三―五九七〇―七四二七
URL：http://www.kokusho.co.jp
E-mail：sales@kokusho.co.jp
造本・装訂者　伊藤滋章
印刷所　株式会社エーヴィスシステムズ
製本所　株式会社ブックアート
ISBN978-4-336-05687-0 C0021